북미자유무역협정에서의 간접수용

북미자유무역협정에서의 간접수용

정하명

경북대학교출판부

지은이 | 정하명(鄭夏明, Ha-Myoung Jeong)

경북대학교 법학전문대학원 부교수
법학박사(S.J.D.)
미국 뉴욕주 변호사
University of Wisconsin-Madison Law School 방문학자(2004~2005)

북미자유무역협정에서의 간접수용

찍은날 2010년 8월 23일 | **펴낸날** 2010년 8월 27일
지은이 정하명 | **펴낸이** 함인석 | **펴낸곳** 경북대학교출판부
출판등록 1973년 10월 10일 ㉣97호
주소 대구광역시 북구 산격동 1370번지
전화 053-950-6741~3 | **팩스** 053-953-4692 | **E-mail** press@knu.ac.kr
Homepage http://knupress.com

ISBN 978-89-7180-297-7 93360

값은 표지 뒷면에 있습니다.
파본은 바꾸어 드립니다.

월파원 척화비 앞에서

경북대학교 야외 박물관 월파원 한 곳에 흥선대원군에 의해서 세워진 척화비가 전시되어 있다. 그 표면에서는 주지하는 바와 같이 "洋夷侵犯 非戰則和 主和賣國"을 주문(主文)으로 큰 글자로, "戒我萬年子孫 丙寅作 辛未立"라고 작은 글자로 새기고 있다. 큰 글자는 "서양 오랑캐가 침입하는데, 싸우지 않으면 화친하자는 것이니, 화친을 주장함은 나라를 파는 것이다."라는 뜻이고, 작은 글자는 "우리들의 만대자손에게 경계하노라. 병인년에 짓고 신미년에 세우다."라는 뜻이라고 한다. 이 비석은 1871년 고종 8년에 당시 실력자이던 흥선대원군이 1866년(고종 3)의 병인양요(丙寅洋擾)와 1871년의 신미양요(辛未洋擾)를 거친 이후 쇄국의 결의를 확고히 하고 백성들에게 외세의 침임을 경계하기 위해 서울을 비롯한 전국각지에 건립되었던 것을, 경북대학교 한 귀퉁이에 모조품으로 전시하고 있는 것이다.

외국에서 온 방문객이 있어서 교내 야외 미술관을 둘러볼 기회가 있으면 약 백삼십년 전 이 땅의 상황과 오늘날 우리 모습의 극한 대조의 예로 이 비석을 자주 보여 준다. 수많은 국제거래가 이루어져 세계 10위의 교역국이 되고, 구석진 시골까지 외국에서 시집 온 국제결혼자들을 찾아볼 수 있고, 지방 국립대학교 교정에서도 수많은 외국인 학생들을 볼 수 있는 오늘날 2010년의 대한민국의 상황을, 129년 전 척화비를 세운 '은둔의 나라' 조선의 당시 위정자들은 상상할 수 있었을까? 쇄국만이 국가를 위한 길이라는 외침 속에 외국 문물과 정세에 대한 무지로 인한 두려움이 있었던 것은 아닐까?

2007년 6월 29일 한·미 자유무역협정이 양국의 당사자들에 의해 추가협상타결되었다고 양국정부에서 공식 발표를 한 지도 이미 3년이라는 시간이 지난 2010년 8월 현재까지, 본 협정은 아직 양국 국회의 비준을 얻어 발효되지 못하고 있다. 본 협정은 체결되기 이전은 물론 이후에도 수많은 논의와 논란의 대상이 되어 왔으며 앞으로도 그러할 것이다. 심지어 이 협정의 체결을 격렬 반대해 목숨을 끊은 농민운동가도 있었다.

농민의 아들로 태어나 IMF 경제위기 속에서 미국유학길을 택했던 사람이 한·미 자유무역협정 중 간접수용에 대한 글을 쓰게 되었다. 국제통상법이 전공분야가 아니고 공법을 전공으로 하는 학자로 한·미 자유무역협정에서의 간접수용의 모델이 된 북미자유무역협정의 간접수용제도에 대해 알아보는 기회를 가진 것으로, 더 구체적으로는 자유무역협정의 간접수용에 대한 논의의 바탕이라고 할 수 있는 미국법에서의 규제적 수용에 대해 논의한 것이라고 할 수 있다. 천학비재여서 많은 오류가 있을 것이라는 우려 속에서도 한·미 자유무역협정에서의 간접수용에 대한 보다 정확한 정보와 판단의 단초를 제공하겠다는 심정으로, 미국 유학 이후 규제적 수용에 관해 관심을 가지고 발표했던 논문들을 수정하고 가필하여 감히 책으로 엮게 되었다. 자유무역협정 자체에 대해 찬성과 반대 어느 한쪽에서 논하기보다는 간접수용제도에 관한 정확한 정보와 논리를 소개하는 것에 역점을 두었다. 미국 제4대 대통령 메디슨(James Madison)의 "Knowledge always defeats ignorance."라는 경구를 다시금 새겨 본다.

늘 내 삶의 좌표가 되어 주시는 참농민이신 아버지 정종수, 어머니 백정자, 학문의 길로 이끌어 주신 김원주 경북대학교 명예교수님, 처어치(W.

L. Church) 위스콘신주립대학교 교수님 등 여러분께 감사의 말씀을 드린다. 이 책을 위해 자료수집과 교정에 힘써 준 경북대학교 대학원 법학과 박사과정 수료 및 재학 중인 최정희, 표주태, 박현정에게도 감사의 뜻을 전한다. 또한 이 책을 출판하느라 애쓴 경북대학교출판부에 감사드린다. 마지막으로 변함없는 믿음으로 우리 가정에 헌신해 온 반려자 서선희 선생님, 그리고 현진, 혜진, 현재 세 자녀 모두에게 특별히 고마움을 전하고 싶다.

2010년 8월 23일

경북대학교 법학전문대학원

부교수, 법학박사(S.J.D.) 정하명

목차

제1장
서론

미국, 캐나다, 멕시코 3국 사이 북미자유무역협정(North America Free Trade Agreement, 이하 'NAFTA')은 1994년에 발효되었다. NAFTA는 국제무역자유화라는 측면에서 여러 가지 중요한 시사점을 가진다. 우선 미국이 본격적으로 다자주의와 함께 지역주의를 국제무역자유화를 추구하는 하나의 축으로 삼기 시작했다는 것이다. 관세 및 무역에 관한 일반협정(General Agreement on Tariffs and Trade, 이하 'GATT')체제의 위기를 해결하기 위해 1986년부터 시작된 우루과이라운드(Uruguay Round, 이하 'UR') 협정타결이 지연되면서 다자주의적 접근방식에 회의를 갖기 시작한 미국이 본격적으로 무역자유주의 대열에 참여하기 시작한 것으로 볼 수 있는 것이다. 무역자유화를 미국 자신이 쉽게 영향력을 행사할 수 있는 북미지역에서 먼저 실시함으로써 경제적 실익을 확보하면서, 동시에 다자협상인 UR협상 등에서 미국 쪽으로 유리한 결과를 가져오려는 의도에서였다. 또한 NAFTA가 미국, 캐나다, 멕시코 사이의 자유무역협정으로 경제력 차이가 큰 국가들 사이에 이루어진 지역경제통합체라는 점에 의의가 있다. 이것은 제2차 세계대전 이후 1970년대 초까지 주로 경제적 수준이 비슷한 국가들 사이에 이루어진 지역경제통합의 추세와 상당한 차이가 있는 것이다. NAFTA는 경제력에서 차이가 나는 이질적 회원국들로 이루어진 경제통합체의 성과에 대한 시금석 역할을 하고, 세계무역기구(World Trade Organization, 이하 'WTO') 체제에 의한 다자주의적 무역자유화 흐름과 병행하고 있다는 특징을 지니고 있다.[1)]

자유무역협정(Free Trade Agreement, 이하 'FTA')은 물품의 관세, 그 외

---

1) 김봉철, 자유무역협정의 이해(인텔에듀케이션, 2004), 22~24면 참조.

의 제한적인 통상 규칙, 서비스 무역 등의 장벽 등 통상장벽을 없애는 자유무역 지역의 결성을 목적으로 하는 2국 혹은 다자국 사이의 국제협정이다. 이것은 지역경제 통합의 형태 중 완화된 형태라고 할 수 있다. 일반적으로 2국 간 협정이 많지만, NAFTA 등과 같은 다국 간 협정도 있다.

2002년 6월 말 현재 GATT/WTO에는 130개 이상의 자유무역협정계획이 통보되었다. 개발도상국 간의 자유무역협정은 WTO의 「수권 조항(enabling clause, 1979년 GATT 결정)」에 근거한 것이다. WTO의 수권조항은 선진국이 개발도상국에 대해 다른 역외지역의 국가보다 저율의 관세를 적용하는 것을 인정함으로써 개발도상국 간의 자유무역협정 체결을 용이하게 하는 것을 인정하는 것이어서 GATT 제24조의 엄격한 요건은 적용되지 않는다.

GATT는 제네바 관세협정이라 부르기도 한다. 1947년 10월 30일 제네바에서 미국 등 23개국에 의해 조인되어 1948년부터 실시되었다. GATT는 관세인하, 비관세 장벽 완화, 차별적 대우 철폐 등을 통한 회원국들의 생활수준 향상, 완전고용 달성, 실질소득 및 유효수요 증대, 세계자원의 균등이용, 재화 생산과 교역 확대를 활동목표로 하고 있다. 우리나라의 경우 1967년 4월 1일부터 정회원국이 되었다.[2)]

지난 50여 년간 세계경제를 주도해 온 GATT체제는 새로이 출범한 WTO체제에 의하여 상당히 변화되고 재편되었다. 1947년에 성립된 GATT체제에서는 공산품에 국한되었지만, 자유무역의 실시를 목표로 1995년에 발효된 WTO체제에서는 공산품뿐만 아니라 농수산물, 서비스 및 지적재산권 등 경제의 모든 분야에 있어 자유로운 교역체제의 구축을 목표로 하고 있다.

---

2) 강인수, GATT/WTO 가입이 한국경제에 미친 영향, 국제통상연구(vol.12 No.3, [2007]) 83면.

WTO의 등장 배경은 GATT체제로 유지되었던 세계무역질서의 붕괴와 GATT체제가 새로운 무역환경을 반영하지 못한 데서 비롯되었다. 즉 서비스와 지적 재산권, 신보호무역주의에 의한 비관세장벽 등 다수 요인으로, 전 세계 125개국의 대표들이 참가한 제8차 UR협상에서는 당시 GATT체제의 한계를 극복하고 국제무역질서를 더 효과적으로 규율하기 위해 강력한 세계무역기구인 WTO를 수립하도록 합의하였다. 이에 따라 GATT체제는 막을 내리고 1995년 1월 1일 WTO가 출범하게 되었다.

GATT와 WTO의 차이점은 다음과 같다. WTO는 GATT와 달리 법인격의 지위를 보유하고 있으며 분쟁해결을 위한 사법적 기능을 보유하고 있다. WTO는 회원 간에 발생되는 무역 분쟁을 UR 최종협정 중 '분쟁해결규칙 및 질서에 관한 협정'에 따라 해결할 수 있는 권한과 능력을 가지고 있다. 즉 WTO는 그 산하에 무역 분쟁 해결기구를 두고 있는 데 반해 GATT에서는 회원국들 사이의 무역 분쟁에 대해 국제법상 구속력을 행사할 수 없고 권고적 역할만 수행할 수 있었다. 따라서 GATT는 가맹국 간의 무역 분쟁을 해결할 수 있는 능력이 미약했다고 할 수 있다.

WTO는 세계화와 밀접한 관련이 있다. 현재 WTO는 국가 간 무역협상에 관한 유일한 국제기구이며, 세계의 교역 국가들은 협상을 거쳐 WTO협정문에 조인을 하고 있다. WTO협정은 경제적 의미의 국경을 붕괴시켰기 때문에 그 가맹국 국민경제의 세계화에 결정적 영향을 미치고 있다. 즉, 경제적 의미의 국경을 국제적 협정에 따라 소멸시키고 가맹국의 통상규제 없이 상품, 서비스, 자본 등이 이동할 수 있도록 한 것이다.[3]

---

3) 한주섭·양의동, WTO분쟁해결제도의 특성에 관한 연구, 국제무역연구논총(vol.2, [1995]) 8면-10면.

한편 1986년 GATT체제의 위기를 해결하기 위해 전 세계적으로 시작된 UR 협상타결이 지체되면서 이러한 다자주의적 접근방식에 회의를 품기 시작한 미국이 지역주의에 본격적인 행보를 시작하였다. 미국이 중심이 되어 미국, 캐나다, 멕시코 3국 간의 NAFTA를 1992년 체결하고 1994년 본 협정이 발효되었다. 미국이 주도하는 지역주의의 성향은 1994년 12월 UR가 타결된 뒤에도 계속되어 미대륙자유무역지구(Free Trade Area of the Americas)의 설립을 추진하고 있다. 이는 또한 아시아·태평양경제협력체인 APEC에서도 주도적 역할을 꾀하고 있다.

미국은 우리나라와도 자유무역협정의 체결을 시도하여 양국 간의 자유무협협정의 협상은 이미 종료되고 양국 국회에서 비준을 기다리며 발효하기 위한 절차를 밟고 있는 상태이다. 우리 정부는 지난 2007년 5월 25일, 그 동안 여러 논란의 대상이 되었던 한·미 자유무역협정문을 전격 공개하였다. 그 후 이미 오랜 시간이 흘렀지만 여러 이유로 구체적 내용은 논의의 대상이 되지 못하고 정치적 일정 속에서 매몰된 것 같다. 공개된 협정문 자체가 한글로는 약 1,300쪽, 영문으로는 약 1,400쪽이 되는 방대한 분량임을 고려할 때 간접수용(Indirect Expropriation)의 문제와 투자자-국가소송제(ISD)의 문제는 여러 공법적 문제들 중 일부에 지나지 않는다.

공개된 협정문 제11장 투자의 제11.6조에서는 "수용 및 보상"에 관해 규정하고 있다.[4] 제11장의 부속서 11-나 "수용"을 살펴보면 수용의 상황을 두 가지로 구분하여 규정하고 있다. 직접수용은 명의의 공식적 이전 또는 명백한 몰수를 통하여 투자가 국유화되거나 직접적으로 수용되는 경우이고,

---

4) 부록 Ⅰ 참조.

간접수용은 당사국의 행위 또는 일련의 행위가 명의의 공식적 이전 또는 명백한 몰수 없이 직접수용과 동등한 효과를 가지는 경우로 구분하여 규정하고 있다.[5)]

직접수용의 경우는 투자유치국 정부가 고의로 투자자의 재산권에 영향을 미쳐 명시적 방법에 의해 효과적으로 투자된 재산을 몰수하는 것이다.[6)] 역사상 투자유치국 정부의 외국인 투자자의 재산권에 대한 직접수용의 예로는 쿠바혁명 이후 쿠바정부가 자국의 영토 내에 있던 모든 미국인의 재산을 쿠바의 국가이익을 위해 몰수한 것에서 찾을 수 있다. 쿠바정부가 쿠바에 있는 미국인의 설탕이나 오일에 관련된 재산권을 몰수한 데 대해 미국의 법원은 쿠바정부가 공식적이고 명시적으로 직접수용한 것으로 판시한 바 있다.[7)]

직접수용의 다른 사례는 이란-미국 분쟁중재판정부(Iran-U.S. Claims Tribunal)에서 "강제적 재산권의 이전(compulsory transfer of property rights)"이라 언급된 것으로 해당 정부가 국제법에 의해 당연히 보상을 해주어야 할 것이 요청되었다.[8)] 직접수용의 경우는 투자유치국의 국제적 명성에 치명적인 악영향을 미치고 직접수용 이후 다른 투자자들이 장래의 투자를 꺼리게 될 뿐만 아니라, 수용된 기업의 운영능력 면에서도 수용한 정부가 외국투자자들보다 훨씬 떨어진다는 이유로 국제 사회에서 이러한 예를 찾아보기 어렵다고 한다.[9)]

---

5) 부록 II 참조.

6) Michael G. Parisi, Moving toward Transparency? An Examination of Regulatory Takings in International Law, 19 Emory Int'l L. Rev. 383, 387 (2005).

7) Banco Nacional de Cuba v. Sabbatino, 307 F.2d 845, 849-69 (2d Cir. 1962).

8) Amoco Int'l Fin. Corp. v. Islamic Republic of Iran, 15 Iran-U.S. Cl. Trib. Rep. 189, 220 (1987).

투자유치국은 직접수용보다 좀 더 은밀한 간섭이나 규제를 통하여 간접적으로 투자된 재산권을 수용하기를 선호하고 이 경우, 정당한 규제권의 발동으로 투자유치국 정부는 역외 투자자에게 보상을 하지 않아도 되는 경우가 많다. 투자자들은 투자유치국 정부당국의 교묘한 규제로부터 자신의 투자재산을 보호하기 위해 노력하게 되었고, 이러한 이유로 간접수용에 관한 조항이 한·미 자유무역협정문에 규정된 것으로 보인다. 따라서 한·미 자유무역협정문에서 규정하고 있는 간접수용의 진정한 의미를 파악하기 위해서는 미국에서 발달한 정부 규제권과 재산권의 보장에 관한 규제적 수용에 대해 살펴볼 필요가 있다.

각자 견해에 따라서 자유무역협정에 관하여 찬성 또는 반대를 할 수 있을 것이다. 이 책에서는 한·미 자유무역협정 자체의 찬반 혹은 우리나라와 다른 국가들 간의 자유무역협정 전반에 관한 것이 아닌, 한·미 자유무역협정문에서 언급·논의되고 있는 간접수용의 의미와 이 조항이 앞으로 우리나라에 어떤 영향을 미칠 수 있는지 알아보기 위해, 미국이 체결한 자유무역협정들[10]의 사례를 통해 간접수용이 체결 당사국에게 어떤 영향을 미쳤는지를 검토하는 것에 논의의 초점이 있음을 분명히 하고자 한다. 이를 위해서 미국 스스로가 자유무역협정의 당사국으로 되어 있는 NAFTA의 Indirect Expropriation

9) Andrew T. Guzman, Why LDCS Sign Treaties That Hurt Them : Explaining the Popularity of Bilateral Investment Treaties, 38 Va. J. Int'l L. 639, 664 (1998).

10) 미국은 1985년에 이스라엘과 처음으로 자유무역협정(the Free Trade Agreement)을 맺은 이후에 약 10개의 협정들을 이미 체결하여 시행하고 있고, 우리나라뿐만 아니라 다수 다른 나라들과의 자유무역협정도 미국의회의 비준을 위해 논의되고 있거나 행정부에서 조약체결을 진행 중인 것으로 알려져 있다. Vivian H. W. Wang, Investor Protection or Environmental Protection? "Green" Development Under CAFTA, 32 Colum. J. Envtl. L. 251, 252 (2007).

에 대해 고찰해야 하는 것은 당연한 과제라고 할 것이다. 또한 이러한 자유무역협정상 간접수용의 근거가 되었고, 미국에서 정부 규제권이 확장되면서부터 발전한 규제적 수용(regulatory takings)에 대해 반드시 논의하여야 할 것이다. 제2장에서는 NAFTA와 간접수용에 대하여 다루면서 NAFTA의 성립배경과 동 협정에 나타난 간접수용의 의미에 대해서 알아보고자 한다. 제3장에서는 미국에서의 규제적 수용에 관해 고찰하고자 한다. 특히 미국에서 정부 규제권의 확장에 대한 국민의 재산권 보호 차원에서 규제적 수용이 발달하게 된 배경을 자세히 살펴보겠다. 제4장에서는 미국에서 재산권자가 구체적으로 규제적 수용을 청구하는 방법에 대해서 알아보고자 한다. 일반적 수용에서는 통상적으로 정부나 공익사업의 시행자가 토지 등 재산권 소유자들에 대한 수용절차를 진행하게 되지만 규제적 수용의 경우는 역으로 재산권자가 정부에 대해서 정부의 규제가 수용에 해당한다는 역수용소송(reverse condemnation action)을 진행하게 되는데, 이러한 소송의 절차에 대해서 알아보고자 한다. 제5장에서는 규제적 수용이론이 발달한 미국에서도 실제 규제적 수용이 미국 법원에 의해서 인정되는 경우는 많지 않은 현실을 소개하고, 미국에서 보상을 요하지 않는 정부 규제권 행사의 구체적 사례에 대해서 논하고자 한다. 제6장에서는 지금까지 NAFTA 체제 속에서 중재판정을 한 구체적인 사례들에 대해서 알아보고 이것이 소위 간접수용에 어떠한 시사점을 주는가를 알아보고자 한다. 특히 NAFTA의 3당사국이라고 할 수 있는 미국 정부, 캐나다 정부, 멕시코 정부에 관련된 사건들을 소개함으로써 NAFTA상 간접수용이 어떻게 적용되는가를 보여 줄 것이다. 마지막 제7장에서는 간접수용이 우리나라 규제정책에 미칠 영향에 대해서 알아보는 것으로 논의를 마무리하고자 한다. 미국에서 1922년 이후 정부의 지나친 규제정책으로 국민의 재산권이 과도하게 침해된 경우 국민의 재산권을 보호하기 위해 미국의 사법부에 의해서 고안되고 발달해 온 규제적 수용개념이, NAFTA상에서 간접수용개념으로 받아들여지고, 실제사례를 통해서 집적되어 온 논의들을 바탕으로 한·미자유협정상 간접수용개념이 앞으로 우리 정부의 규제정책에 어떠한 영향을 미칠 것인가를 조심스럽게 전망하고자 한다.

제2장

북미자유무역협정과 간접수용

제1절 북미자유무역협정의 의미

미국, 캐나다, 멕시코 3국 간의 NAFTA는 1992년 체결되고, 1994년 발효되었다. 이 협정은 국제무역자유화에 있어 세 가지 측면에서 중요한 의미를 지닌다.

첫째, 미국이 본격적으로 다자주의와 함께 지역주의를 국제무역자유화를 추구하는 또 하나의 추진축으로 삼기 시작했다는 것이다. 1986년 GATT체제의 위기를 해결하기 위해 전 세계적으로 시작된 UR 협상타결이 지체되면서 이러한 다자주의적 접근방식에 회의를 품기 시작한 미국이 지역주의에 본격적인 행보를 시작한 것이라고 할 수 있을 것이다. 공정무역이 보장된 무역자유화를 미국 자신의 영향력이 가장 잘 미칠 수 있는 지역에서 먼저 실시하여 우선권을 확보함과 동시에 UR 협상결과를 미국 쪽으로 유리하게 하려는 의도가 내포되어 있었다. 미국이 주도하는 지역주의의 성향은 1994년 12월 UR가 타결된 뒤에도 계속되어서 미대륙자유무역지구(Free Trade Area of the Americas)의 설립을 추진하고 있다. 이는 또한 아시아·태평양 경제협력체인 APEC에서도 미국이 주도적 역할을 꾀하기 위한 것이다.

둘째, NAFTA는 경제력 차이가 큰 국가들 사이에 이루어진 지역경제통합체라는 점이다. 이는 제2차 세계대전 이후 1970년대 초까지 경제적 수준이 비슷한 국가들 사이에 이루어진 지역경제통합의 흐름과는 상당한 차이가 있다. 앞으로 무역 및 투자자유화와 경제·기술협력이라는 두 가지 목표를 추구하는 APEC과 같이 경제력 차이가 큰 국가들 사이에 형성되는 지역경제통합체가 주류를 이룰 것으로 예상되는데, NAFTA도 이런 이질적 회원국으로 이루어진 경제통합체라고 할 것이다. 이러한 이질적 경제통합에 있어서는 저개발국의 이득여부가 주요 관심사가 되므로 멕시코가 NAFTA로 어떤 이득을 얻을 수 있을 것인가가 관심의 대상이 된다 하겠다.

셋째, WTO체제에 의한 다자주의적 무역자유화 흐름과 병행하고 있다는 것이다. 다자주의적 무역자유화에 대한 지역주의적 무역자유화의 영향이 문제된다고 할 것이다. 미국을 중심으로 캐나다와 멕시코로 이루어진 NAFTA가 이 WTO체제에 의한 다자주의적 무역자유화 흐름에 따른 UR에 어떤 영향을 미칠 것인가 하는 점이다.[1)]

NAFTA를 비롯한 자유무역협정은 이러한 무역에서의 영향뿐만 아니라 회원국의 주권과 규제권 행사에도 지대한 영향을 미쳤다고 할 수 있다. 국경을 초월한 무역을 통한 경제통합이라는 관념이 회원국가의 주권 특히 경제적 측면의 주권을 제약하는 것은 너무나 당연한 결과이다. 국가들이 EU, WTO, GATT, NAFTA 등에 참가할수록 개별국가의 일반적 역할은 점점 줄어들게 된다. 즉, 개별국가의 중요성은 점점 쇠퇴하고 거버넌스(governance)의 국제화가 이루어지는 것이 세계화의 주요한 특징이라고 할 수 있다.[2)]

---

1) 박경석, 북미자유무역협정의 무역창출 및 무역전환효과, 비교경제연구(Vol. 9, No. 1, [2002]) 122-123면.

2) Dunniela Kaufman, Does Security Trump Trade?, 13 L. & Bus. Rev. Am. 619, 624 (2007).

제2절 북미자유무역협정에서의 간접수용

1. 간접수용규정

1992년에 체결된 NAFTA 제11장에서는 투자자보호에 대한 규정을 두어 직접수용과 간접수용을 같이 규정하고 있다.[3] NAFTA 제11장의 주요목적 중 하나는 직접·간접수용으로부터 투자자의 이익을 보호하는 것이다.[4] 1992년 NAFTA의 투자자보호규정은 그 후 미국이 체결한 자유무역협정들에서 모범규정의 역할을 하게 되었고, 2005년 Costa Rica, the Dominican Republic, El Salvador, Guatemala, Honduras, Nicaragua 등의 중남미 국가들과 체결한 미국의 자유무역조약(the Central American-Dominican Republic Free Trade Agreement)에도 투자자 보호를 위한 간접수용의 조항이 있는 것으로 알려져 있다.[5]

직접수용의 경우는 외국투자자에 대한 보호 차원에서 외국 투자자의 재산을 정부가 직접적으로 수용하는 경우에는 이에 대해 정당보상을 하여야 한다는 것에 대해서는 이견이 없으며 각국 헌법에서 관련규정을 가지고 있다.[6]

---

3) 부록 III 참조.

4) David A. Gantz, The Evolution of FTA Investment Provision : From NAFTA to the United States-Chile Free Trade Agreement, 19 Am. U. Int'l L. Rev. 679, 683 (2004).

5) Vivian H. W. Wang, Investor Protection or Environmental Protection? "Green" Development Under CAFTA, 32 Colum. J. Envtl. L. 251, 255 (2007).

6) 수용과 보상에 과한 한국과 미국의 헌법적 규정은 다음과 같다. 우리 헌법 제23조("③공공필요에 의한 재산권의 수용·사용 또는 제한 및 그에 대한 보상은 법률로써 하되, 정당한 보상을 지급하여야 한다.")와 U.S. Const. amend. V ("[n]o person shall be …

개별 국가가 공익을 실현하기 위해서 다른 당사국이나 외국인의 투자를 직접·간접수용 또는 국유화하는 것은 인정된다. NAFTA에서 용인되고 있는 수용은 법률의 적법 절차에 따라서, 차별을 하지 않는 것을 원칙으로 공정한 시장가격에 의한 신속하고, 충분하고, 효과적인 보상의 지불과 함께 실시할 수 있다. 이 규칙은 기본적으로 "미국이 선호하는 국제법 표준(U.S.-preferred international law standard)"이라고 할 수 있을 것이다.[7)]

2. 간접수용규정과 미국의 규제적 수용의 관계

간접수용의 경우는 직접수용의 경우와 달리 더욱 복잡한 문제를 야기한다. 정부의 적법한 규제권 행사가 투자자의 재산권을 어느 정도 침해하는 경우, 그 침해가 어느 정도에 해당하면 손실보상을 해 주어야 하고 어떤 경우에는 정부의 적법한 공권력행사에 지나지 않는 것인지 판단하는 것은 매우 어려운 문제이다.

정부의 규제가 자유무역협정(FTA)의 규정에 의하여 손실보상을 해 주어야 하는 규제에 해당하는가, 혹은 보상의 대상이 되지 않는 정부규제에 해당하는가 하는 것은 자유무역협정 당사자의 정부뿐만 아니라 투자자에게도 매우 중요한 문제이다. 투자자들에게는 투자유치국 정부의 규제가 정당보상이 지급되지 않는 경우에 해당하는 것인가, 혹은 정당보상의 지급이 보장되

depeived of life, liberty, or property without due process of law; nor shall private property be taken for public use without just compensation").

7) J. Schott, United States-Canada Free Trade : An Evaluation Of The Agreement 26 (1988). Jean Raby, The Investment Provisions Of The Canada-United States Free Trade Agreement : A Canadian Perspective, 84 Am. J. Int'l L. 394, 419 (1990)에서 재인용.

는 간접규제에 해당하는 것인가가 투자를 할 것인가, 아니면 투자를 포기할 것인가를 결정하는 중요한 근거라고 할 수 있다. 투자유치국가에서도 간접수용의 개념은 해당 정부가 투자자의 의무와 권리를 어느 정도까지 규제할 수 있을 것인가라는 규제권 범위 결정의 문제가 된다. 투자유치국 정부는 공공재원에 의한 정당보상을 투자자에게 해 줄 수 없는 경우에는 간접수용에 해당하는 정부규제는 할 수 없게 된다.[8)]

미국과 자유무역협정(FTA)이나 양자투자협정(Bilateral Investment Treaty, 'BIT')을 체결하는 경우에 인정되는 간접수용(Indirect expropriations)은 미국에서 발달한 규제적 수용(Regulatory Takings)의 개념을 국제법적으로 받아들여 인정한 것이다.[9)]

제3절 북미자유무역협정에서의 투자자·국가소송제도

1. 투자와 투자자의 개념

NAFTA 제11장에는 역내국 간의 투자관련 장애를 제거하기 위한 제반 규정을 두고 있다. 여기서는 그 적용의 대상이 되는 투자의 범위에 대해 규정하고 있고,[10)] 그 적용범위가 상당히 광범위하다. 이 조항은 현재의 투자뿐만

8) Benjamin W. Jenkins, The Next Generation Of Chilling Uncertainty : Indirect Expropriation Under Cafta And Its Potential Inpact On Environmental Protection, 12 Ocean & Coastal L.J. 269, 288 (2007).

9) Michael G. Parisi, Moving Toward Transparency? An Examination Of Regulatory Takings In International Law, 19 Emory Int'l L. Rev. 383, 394 (2005).

10) NAFTA Chapter Eleven Section A Article 1101.

아니라 미래의 투자에 대한 보호도 제공한다. 제11장의 적용범위를 이해하기 위해서는 두 가지 용어를 이해하는 것이 필요하다. 투자자(investor)와 투자(investment)라는 개념이 그것이다.

당사국의 투자자(an investor of a Party)는 "투자를 하거나 투자를 의도하고 있는 국민이나 기업(a national or enterprise of a Party, that seeks to make, is making or has made an investment)"이라고 규정하고 있다. 당사자의 기업도 모든 종류의 기업체들(예를 들면 주식회사, 지주회사, 투자신탁)로 당사국의 법에 따라 구성되거나 조직된 것(constituted or organized)을 의미한다.[11]

투자(investment)는 제1139조에 매우 광의로 규정하여 기업에서의 모든 형태의 소유와 지분의 참여, 유형 또는 무형재산의 취득 및 계약의 투자지분의 취득으로 규정하고 있다.[12]

제1102조에서는 투자에 있어 내국민대우의 원칙[13]을 규정하고 있다. 내국민대우의 원칙이란 조약당사국이 자국 영역 내에서 다른 당사국 국민 및 제품에 자국민과 자국제품에 부여하는 것과 동등한 권리를 부여하는 것을 말하는 것으로, 수입제품과 국내제품 간의 차별금지 또는 내·외국인 간의 차별금지를 의미한다. 이것은 국내규제조치가 관세양허의 효과를 상쇄시키지 않도록 보장하고 국내보호조치를 국경통제에 한정하여 국내제품과 수입

11) Danial M. Price, An overview of the NAFTA Investment Chapter : Substantive Rules and Investor-State Dispute Settlement, 27 Int'l Law. 727, 727 (1993).

12) Ibid. 1. This Chapter applies to measures adopted or maintained by a Party relating to : (a) investor of another party ; (b) investment of investors of another Party in the territory of the Party ; and (c) with respect to Articles 1106 and 1114, all investments in the territory of the Party.

13) 부록 Ⅳ 참조.

제품이 경쟁할 수 있도록 효과적 기회균등을 제공하는 데 그 목적이 있다. 내국민대우는 수입제품과 국내제품 간의 동등한 경쟁조건에 대한 회원국들의 기대를 보호하고 공정무역에 대한 예측가능성을 높이는 기능을 가지고 있다. 구체적인 내용을 보면 국내제품에 대한 유리한 조치와 수입제품에 대한 불리한 조치를 모두 금지하여 직·간접적 차별을 모두 금지함으로써 차별적 조치가 실제로 집행되지 않았다는 이유로 내국민대우의무의 면제를 주장할 수 없게 되어 있다. 내국민대우의 원칙은 어떠한 법령, 규칙, 요건 및 과세도 국내시장에서 국내제품과 수입제품 간의 '경쟁조건'을 수입제품에게 불리하게 수정하지는 못하도록 한다.

또한 제1103조에서는 최혜국대우의 원칙[14]을 규정하고 있다. 최혜국대우의 원칙은 한 국가가 제3국에 부여한 권리와 이익을 상대국에도 동일하게 부여하는 것을 말한다. 국제통상관계에 있어서의 최혜국대우원칙은 물품의 수출입을 비롯한 통상상 혜택과 관련하여 어떤 체약국이 부여한 최상의 우대조치를 다른 체약국에도 부여해야 한다는 원칙을 의미한다. 최혜국대우원칙의 효력은 조약 당사국의 합의에 의하여 결정되는데, 최혜국대우가 적용되는 범위는 ① 관세를 비롯한 수출입의 영역, ② 항해, 해상운송, 어업 등의 영역, ③ 외국인의 사적 권리의 영역, ⑤ 지적 재산권의 영역, ⑥ 소송관계권리의 영역 등이다.

NAFTA 제1106조에서는 이행요구(Performance Requirements)[15]를 규정하고 있다. 이 규정에서는 역내국이 다른 역내국의 직접투자를 허용함에 있어서 최소한의 수출의무규정을 부과하거나, 자국제품의 구매를 요구하거

14) 부록 Ⅴ 참조.

15) 부록 Ⅵ 참조.

나, 자국산에 대한 우선권을 주거나, 무역수지의 균형 및 기술이전 같은 특정 이행을 요구하지 못하도록 한다. 이러한 규정들을 통하여 역외투자자에 대해 보호책을 마련함으로써 역내투자자와의 차별을 금지하고 있다고 할 것이다.

2. 투자자-국가소송제도

NAFTA의 투자관련규정은 투자분쟁을 해결하기 위한 새로운 절차를 마련하고 있는 것이 아니라 기존의 국제적 중재절차를 이용하여 분쟁을 해결하는 구조를 취하고 있다는 특징이 있다. 이에 의하면 NAFTA의 투자관련 조항의 위반에 대하여 세 가지 절차에 따른 중재신청이 가능하다.

첫째, 분쟁 양 당사자국이 국제투자분쟁해결협약(International Convention for Settlement of Investment Disputes, 'ICSID')의 체약국인 경우 그 협약에 따른 중재신청을 할 수 있다. 투자자는 투자유치국을 직접 대상으로 하여 국제투자분쟁해결센터(the International Centre for Settlement of Investment Disputes, 'ICSID')에 중재를 신청할 수 있는 것이다. 국제투자분쟁해결센터(ICSID)는 세계은행(the World Bank)에 의해 1965년 창설된 것으로 국가와 다른 국가의 투자자 사이의 투자관련분쟁이 생긴 경우에 이에 대한 중재를 담당하고 있는 단체이다.[16)]

예를 들면, 2001년 말에 있었던 아르헨티나의 경제위기에 대처하기 위해서 아르헨티나 정부가 강력한 규제정책을 실시하였는데, 이러한 규제정책으

16) http://www.worldbank.org/icsid/basicdoc/basicdoc.htm.(2008. 3. 12. 방문)

로 인하여 피해를 입었던 외국 투자자들은 아르헨티나 정부를 대상으로 양국투자협정(BITs)의 위반을 이유로 국제투자분쟁해결센터(ICSID)에 중재를 직접 신청하였다. 당시 아르헨티나 정부에 주장된 잠정적 책임의 범위는 80억 달러에 달하였다.[17)]

둘째, 만약 분쟁당사국 중 한 국가만이 이 협약의 체약국인 경우에는 ICSID부가규정(Additional Facility for the Administration of Conciliation, Arbitration and Fact-Finding Proceedings)에 따른 중재신청을 할 수 있다. 원래 국제투자분쟁해결협약(ICSID)은 이 협약의 가입국 간의 분쟁을 해결하기 위해서만 이용될 수 있는 한계가 있었기 때문에 국제투자분쟁해결협약(ICSID)의 가입국과 비가입국 간의 분쟁해결을 위한 중재절차를 마련하기 위하여 이 부가규정이 마련된 것이다. 이 규정에 따라서 국제투자분쟁해결센터(ICSID)에 중재를 신청한 예를 살펴보면 미국 텍사스주 수자원의 사용자들이 2005년 1월 19일 멕시코정부를 상대로 중재를 신청한 사건이 있다. 이 사건에서 중재신청자의 주장은 중재심판부(the Arbitral Tribunal)에 의해서 받아들여지지 않았다.[18)]

셋째, 국제연합국제무역위원회(the United Nations Commission on International Trade, 'UNCITRAL')에 중재 신청하는 것도 가능하다. 이 절차는 당사자들의 임의의 선택에 의하여 적용될 수 있는 중재절차이다. Methanexcorp v. United States(Aug. 3, 2005)가 대표적으로 국제연합국제

---

17) William W. Burke-White, Andreas von Staden, Investment Protection In Extraordinary Times : The Interpretation And Application Of Non-precluded Measures Provisions In Bilateral Investment Treaties, 48 Va. J. Int'l L. 307, 311 (2008).

18) Bayview Irrigation Dist. et al. v. United Mexican States, ICSID Case No. ARB(AF)/05/1 (Jan. 19, 2005),http://naftaclaims.com/Disputes/Mexico/Texas/TexasClaims_NOA-19-01-05.pdf. (2008. 3. 10. 방문).

무역위원회(UNCITRAL)가 다룬 대표적 중재사건에 해당한다고 할 수 있을 것이다.[19)]

3. 투자자-국가소송제도의 기원

투자자-국가소송제도는 1990년대 이후의 새로운 제도이다. 여기서 새로운 제도라는 말은 전혀 존재하지 않던 제도가 갑자기 생긴 것이라는 의미는 아니다. 이 제도를 구성하는 여러 요소들인 국제중재재판제도, 중세 상인법(lex mercatoria), 투자보호협정 등은 이미 존재했던 제도라고 할 수 있으며, 특히 상인법제도는 고대 이집트와 페니키아 상인들의 상관습법에까지 그 기원을 소급할 수 있다.[20)]

그럼에도 불구하고 이러한 여러 제도들이 한데 뭉쳐 오늘날 우리가 직면하고 있는 투자자-국가소송제도로 정착된 것은 최근의 일이라고 할 수 있다. 이것은 제2차 세계대전 이후, 특히 1980년대 이후 신자유주의적 국제화가 추구되는 국제경제의 큰 흐름 속에서 살펴보아야만 그 의미를 알 수 있다. 그러므로 먼저 이 제도의 성립배경이 되는 중세 상인법 성립배경부터 알아볼 필요가 있다.

1) 중세 상인법 성립의 배경

중세 유럽은 법적 제도의 일관성이라는 차원에서 살펴보면 극히 파편화된 혼란스러운 사회였다고 평가할 수 있다. 유스티니아누스 법전과 같은 잘

19) http://www.state.gov/documents/organization/51052.pdf. (2008년 3월 10일 방문).
20) 홍기빈, 투자자-국가 직접소송제(녹색평론사, 2006). 41면.

정비된 법체계로 제국 전체를 다스릴 수 있었던 비잔틴 제국과 달리 서유럽에서는 교황청 중심의 교회법, 로마법, 개별국가의 실정법, 각 지방의 관습 등 서로 다른 여러 개의 법체계들이 혼란스럽게 병존하고 있는 현상을 보여주고 있었다.

이렇게 정돈되지 않고 일관성이나 통일성을 극히 찾아볼 수 없는 법체계는 12세기 이후 본격적으로 나타나기 시작한 상업의 발달이라는 새로운 사회현상을 감당하기 곤란할 지경이었다. 상업행위는 정교한 법적인 규범과 약속의 틀 안에서만 번성할 수 있기 때문에, 상업발전을 위해서는 법적 안정성이라는 인프라가 반드시 필요했다.

중세상인들은 이러한 법적 혼란 상태 속에서 스스로 자신들의 법인 상인법(lex mercatoria)이라는 법체계를 만들었다.[21] 규모가 큰 시장을 찾아 전 유럽을 헤매고 다녀야 하는 상인들은 언제 어디서 어떤 불상사를 당할지 모르는 상황이었고, 그럴 때마다 해당 지역의 영주나 교회의 재판에 자신의 분쟁해결을 맡기는 것은 항상 자신들에게 불리한 결과를 초래할 우려가 있었다. 중세영주들이나 교회가 이유 없이 재판을 연기하여 장사를 방해하거나, 판결을 하더라도 각종 수수료나 비용의 명목으로 터무니없는 돈을 요구하는 경우도 많았다.

큰 문제 중 하나는 영주나 교회가 사용하는 법적 논리 자체가 상업현실과는 너무나 동떨어진 경우가 많았다는 것이다. 상업이 가지고 있는 거래의 신속성과 적정한 이윤창출이라는 특성으로 말미암아 상인들 사이에서는 정식재판을 통한 정의의 실현보다는 서로가 어느 정도의 손해를 감수하는

21) Franco Ferrari, Uniform Interpretation of the 1980 Uniform Sales Law, 24 Ga. J. Int'l & Comp. L. 183, 186 (1994).

적정한 선에서의 타협을 통한 상호만족이 더욱 선호되었지만, 현실 법정에서는 '정의'나 '공정가격' 등 스콜라 철학이나 복잡한 법체계상의 논쟁으로 곧잘 시간이 지연되었고 그에 따른 비용지출도 만만치 않았다.

이러한 문제점들을 해결하고자 중세유럽의 상인들은 유럽의 주요 교역로와 주요 상업중심지 곳곳에 상인법을 시행할 만한 중재재판소를 세우고, 저렴하고 신속하며 효율적인 방법으로 자신들의 분쟁을 해결할 장치를 만들었다. 이런 중재재판소의 판사는 스콜라 철학에 능통한 교회의 성직자나 법학자가 아닌, 오랜 장사꾼 경험 속에서 상업의 여러 관행과 실제 사례에 정통해 있고 상인들 사이에 신용과 명망을 쌓은 이들이 대부분이었다. 재판에서는 분쟁이 생긴 양쪽이 각각 자신의 입장을 설명하고, 양쪽이 조속히 합의에 도달할 수 있도록 중재가 시도되었다. 이를 통해 어떤 분쟁의 양쪽 당사자는 중재재판소에서 조속히 분쟁을 해결하고 난 후 각자의 장삿길에 다시 나설 수 있게 되었다.[22)]

상인법에 의한 중재재판은 보통의 공공 재판과 다른 몇 가지 특징을 갖고 있었다. 먼저 정해진 절차에 따라 중재재판이 이루어지기보다는 철저하게 분쟁 당사자들의 뜻에 의하여 이루어지는 경우가 많았다. 재판소의 선택, 증거의 종류나 제출 방식, 사용되는 법적 원칙의 종류 등 모두가 분쟁당사자인 양쪽의 합의에 의해 결정되었다. 사실 상인법에 의한 판결은 강제력을 통한 집행이라는 것 자체가 불가능한 것이었다. 왜냐하면 당시 사회적 강제를 행사할 수 있는 능력을 보유하고 있었던 지방영주 등이 상인법의 운영과정에 개입하는 일은 매우 드물어 그들의 힘을 빌릴 수 없었기 때문이다. 결국 유럽

---

22) Leon Trakman, EX AEQUO ET BONO : DEMYSTIFYING AN ANCIENT CONCEPT, 8 Chi. J. Int'l L. 621, 629-631 (2008).

각지를 오가는 상인공동체의 상호신뢰가 상인법에 의한 판결의 효력을 뒷받침하는 암묵적인 힘이 되었다. 자기가 합의한 절차를 거쳐 내려진 중재판결에 복종하지 않는 상인이 있다면, 상인공동체인 길드에서 그 상인을 배척하는 방법에 의해 스스로 중재재판의 실효성을 확보할 수 있었다.

근대 국제무역법의 역사는 고대 상인법(lex mercatoria) 개념으로 거슬러 올라간다고 할 것이다. Gerard Malynes는 1622년에 "상인 관습법은 어떤 성문법보다도 고대법이며 이성과 정의의 기초 위에 만들어졌다"라고 기술하였다. 부당한 법들에 직면한 상인들에 의해서 중세유럽 상인법원에서 상인법(lex mercatoria)이 만들어졌다. 여기에는 형평법(equity), 신속한 중재(speedy adjudication), 경험 있는 상인들의 판사 혹은 배심원으로서의 참가 등의 개념들이 포함되어 있었다.[23)]

상인법을 법전화하겠다는 국제적 노력은 1930년대 로마의 사법통일을 위한 국제기구(the International Institute for the Unification of Private Law)에서부터 시작되었고 1964년 조약들이 만들어지면서 법전화되었다. 하지만 이러한 조약들이 서유럽국가들의 입장만 반영하고 있다는 비판이 있었다. 국제연합국제거래법위원회(The United Nations Commission on International Trade Law)에서 이상의 조약들을 연구하여 국제물품거래계약에 관한 국제조약(the United Nations Convention on Contracts for the International Sale of Goods)이 만들어졌다.[24)]

상인법이 자립적인 논리체계와 집행체제를 갖춘 법원칙이었다고 보기는

---

23) Klaus Peter Berger, The Creeping Codification of the Lex Mercatoria 1(1999).

24) Lee Peoples, Strategies And Sources For International Legal Research, 60 Consumer Fin. L.Q. Rep. 412, 421 (2006).

어렵다. 어떤 학자들은 중세 상인법의 존재 자체를 부정하기도 한다. 그럼에도 불구하고 상인법으로 일컬어지는 관행은 분명히 존재하였고 그것은 오늘날까지도 공식적 국제법 체계의 외곽에서 벌어지는 각종 분쟁의 조정과정에 관한 규칙과 진행절차에서 중요한 모범으로 작용하고 있다고 할 것이다.

2) 주권국가 등장 이후

혼란스러웠던 서유럽 세계의 법질서는 17세기에 들어와서 근대적인 영토국가들로 이루어진 베스트팔리아 체계의 성립으로 새로운 국면에 접어들었다. 전 유럽 대륙이 배타적인 국경선과 영토를 주장하는 영토국가에 의해 분해된 것이다.

이런 국가들은 각기 자국의 영토 안에서는 오로지 자국만의 법을 정할 수 있는 권력인 주권(sovereignty)을 가지며 그 밖의 다른 어떤 법적 권위도 인정하지 않을 것을 선포하게 되었다. 이에 따라 예전 상인법이 국가의 법체계를 거쳐 각국에서 통일적으로 시행되는 민법과 상법으로 흡수되는 현상이 나타났다. 그 밖의 다른 기준의 법원칙들은 이제 주권국가가 공포하는 법으로 통합되었다.

주권이라는 용어는 여러 가지 의미를 가지게 된다. 이 용어는 처음에는 마키아벨리(Machiavelli), 보딩(Bodin), 홉스(Hobbes) 등의 글에서 등장하였으며 하나의 정치적 구조 속에서 단일 최고입법체계와 정치적 권한을 지방화하려는 시도에서 고안된 것이었다. 또한 주권(sovereignty)이라는 용어는 개별국가 내에서 최고의 권한과 그 대상의 관계를 규정하면서 동시에 다른 국가와의 관계에 대해서도 기술하게 된다. 주권이란 영토 내에서 대외적으로 외부간섭을 배제하는 최고의 권한을 의미한다고 할 것이다.[25)]

유럽이 이렇게 주권을 가진 개별 국가로 분리되자, 이에 따른 부수적 문제로 개별 국가들 간의 법체계를 어떻게 할 것인가 하는 문제가 생겨났다. 이것은 이후 몇 백 년간 유럽 법학자들을 괴롭힌 문제였으며 현실적으로 제도화하는 것 또한 매우 곤란한 문제였다. 17세기 당시의 유럽의 국가 간 관계는 이른바 '세력균형 체제(Balance of Power System)'를 바탕으로 하고 있었다. 그렇기 때문에 무력경쟁과 전쟁 상황에서도 구속력을 갖는 '국제법'이 존재할 수 있을 것인가가 항상 문제되었다. 이런 의문으로 인하여 정치학자들 중에서는 아예 국제법, 즉 '주권국가 사이의 법'의 존재를 부인하는 이들도 많이 있었다. 그러나 몇 백 년의 세월을 거치면서 많은 경험과 관례가 축적되어, 20세기에 들어서는 비록 국내법만큼 강력하지는 않더라도 어느 정도의 구속력을 가지는 국제법 체계가 성립되었다는 것 자체를 부인할 수는 없다. 국제법 원칙에 대한 주권국가의 동의가 국제법 원칙의 생성에 가장 핵심적 역할을 담당한다고 할 것이다.[26)]

국제법은 어디까지나 주권국가들 사이의 법, 즉 '국제 공법(public international law)'이다. 국제법 성립의 유일한 원천은 주권국가들이고, 주권국가들의 동의(consent)가 그 효력의 유일한 근거가 되며, 국제법이 적용되는 대상도 주권국가들이다.

전통적인 국제소송에는 주권국가가 조약이나 국제관습에 의거하여 제한된 관할권을 가지는 국제법원(International tribunals)에 다른 주권국가들을 대상으로 소송을 제기하는 것이다. 그러나 이러한 소송은 종종 국제적 규범

---

25) Duncan B. Hollis, Private Actors In Public International Law : Amicus Curiae And The Case Fof The Retention Of State Sovereignty, 25 B.C. Int'l & Comp. L. Rev. 235, 238 (2002).

26) Ibid. 250.

을 명확하게 하고, 이러한 국제적 규범은 정치적 협상을 통한 구제를 촉진하기 위한 것이었다. 즉 국제법원에 소송을 제기할 수 있는 것도 주권국가였으며 국제소송의 대상도 상대방 주권국가였고 국제소송의 결과인 판결도 그 자체가 법적 구속력을 가지기보다는 주권국가들 사이에 협상을 통한 분쟁해결을 촉진하는 역할을 담당하는 것이었다.[27)]

4. 투자자-국가소송제도에 대한 평가

환경적 고려는 때때로 경제적 이해들과 충돌될 수 있기 때문에 특정국가의 국내 환경법이 그 특정국가에 대한 외국투자들과 마찰을 일으킬 수 있다. 자유무역협정(FTA)의 투자자소송(investor suits)은 외국 투자자들에게 그들이 투자하고 있는 국가의 정부에 대해 금전적 손해배상(money damages)을 요구할 수 있는 법적 권리를 제공하고 있다. 중미자유무역협정(CAFTA) 제10장(Chapter 10)에서는 투자자소송(Investor suits)을 규정하고 있는데, 제10.7조(Article 10.7)에서 "어느 당사국도 국유화나 수용과 동등한 수단에 의해서 직접적 혹은 간접적으로 보호대상이 되는 투자를 국유화하거나 수용할 수 없다."라 규정하고 있다.[28)]

수용금지의 예외는 국가가 비차별적 방법에 의해 공익목적을 위하여 투자를 수용할 수 있다는 것이다.[29)] 수용이 일어난 경우에 투자유치국 정부는

---

27) Harold Hongju Koh, Transnational Public Law Litigation, 100 Yale L.J. 2347, 2348 (1991).

28) CAFTA Chapter 10. Article 10.7 states "[n]o Party may expropriate or nationalize a covered investment either directly or indirectly through measures equivalent to expropriation or nationalization…."

29) CAFTA art. 10.7.1(a)-(d).

외국투자자들에게 "수용이 일어난 바로 직전에 수용된 투자의 공정한 시장 가격과 동등한 가치"를 보상으로 지급하여야 한다.[30)]

NAFTA의 제11장과 마찬가지로 중미자유무역협정(CAFTA) 제10장은 외국 투자자들에게 자신의 투자가 국가의 수용, 국제법이 요구하는 처우의 부정, 투자대상국가로부터의 차별적 대우 등을 당하지 않는 것을 법적으로 보장해 주기 위한 규정이라고 할 수 있을 것이다.[31)]

비판적 견해에 의하면 투자자소송이 외국투자자들이 중미자유무역협정(CAFTA) 국가들의 국내법원을 회피하여 국가의 국내법체계 밖에서 운영되는 국제중재소(international arbitration tribunal)에 제소를 하고 금전적 손해배상을 구할 수 있는 길을 열어 주었다고 할 수 있을 것이다.[32)]

1) 투자자소송에 대한 찬성론

투자자소송(investor suits)을 옹호하는 사람들은 국경을 넘어 투자를 증진하는 것이 자유무역협정의 협상에서 반드시 필요한 요소라고 강조한다. 자유무역협정에 따라 증진되는 외국에 대한 투자가 지속가능한 발전을 가능하게 하고 효과적인 환경규제를 증진시키는 효과가 있다는 것이다.[33)]

---

30) CAFTA art. 10.7.2(b). "equivalent to the fair market value of the expropriated investment immediately before the expropriation took place…."

31) Judith Wallace, Corporate Nationality, Investment Protection Agreements, and Challenges to Domestic Natural Resources Law : The Implications of Glamis Gold's NAFTA Chapter 11 Claim, 17 Geo. Int'l Envtl. L. Rev. 365, 366 (2005).

32) Sierra Club, NAFTA's Investor Rights : A Threat to the Environment and Our Democracy, http://www.sierraclub.org/trade/nafta/backgrounder.asp (2007. 12. 23. 방문).

33) Sanford E. Gaines, Protecting Investors, Protecting the Environment : The Unexpected Story of NAFTA Chapter 11, in Greening NAFTA : The North American Commission for Environmental Cooperation 173 (David L. Markell & John H. Knox eds., 2003).

자유무역협정으로 외국 자본의 투자를 유도하기 위해서는 국내법과 국제법에 의해서 투자유치국이 정당보상을 하지 않고 투자를 수용할 수 있는 규제위험(regulatory risk)을 상당히 줄일 수 있어야 한다고 주장한다. 외국이나 미국 투자자들은 저개발국가들의 불투명하고 불공정한 법원들에 의해 자신들의 투자효과가 취약해질 수 있기 때문에 투자에 대한 보호를 요구하고 있다. 특히 외국 투자자들은 투자유치국의 정치과정에 참가할 수 있는 정당한 대표성을 가지지 못한 경우가 많기 때문에 투자자소송규정에 의한 국제적 보호를 요구하는 경우가 많다.[34)]

투자자소송은 투자에 대한 분쟁이 생긴 경우에 구속적 국제중재제도에 의한 분쟁해결을 인정하고 있기 때문에, 투자자의 국적국가가 외교적 교섭에 의해서 분쟁을 해결하도록 하는 압력 없이 분쟁을 해결할 수 있다고 강조한다.[35)]

2) 투자자소송에 대한 비판론

NAFTA과 CAFTA의 투자자소송규정은 민간회사에 확대된 권한을 인정하고 있다는 점에 대한 비판에 집중되어 왔다. 국제환경보호단체(International Programs for Friends of the Earth)의 디렉터인 David F. Waskow가 미국의회에 보고한 바에 의하면 "외국투자자들에게 미국이나 외국의 국내법에서 인정하지 않은 확대된 권한을 인정하는 이런 규정들을 이용해서 다국적 투자

---

34) Judith Wallace, Corporate Nationality, Investment Protection Agreements, and Challenges to Domestic Natural Resources Law : The Implications of Glamis Gold's NAFTA Chapter 11 Claim, 17 Geo. Int'l Envtl. L. Rev. 365, 373 (2005).

35) Scott R. Jablonski, NAFTA Chapter 11 Dispute Resolution and Mexico : A Healthy Mix of International Law, Economics and Politics, 32 Denv. J. Int'l L. & Pol'y 475, 477 (2004).

자들이 합법적 환경보호규정의 이행에 대한 보상을 요구하는 것이 가능해졌다."라고 비판하고 있다.[36)]

Deborah James는 NAFTA 제11장에서 민간투자자들에게 인정하고 있는 권한이 "민주적 선거에 의한 정부들의 주권과 공익을 위해서 정부들이 행동할 수 있는 권한들을 저해할 수 있을 정도"로 확대되어 있다고 한다. 이렇게 확대된 권한을 인정하면 NAFTA 제11장이 마치 '사실상 회사의 권리장전(virtual Bill of Rights for corporation)'과 같은 역할을 하게 된다고 지적하고 있다.[37)]

규제와 투자의 관계를 살펴보면, 규제가 강화되면 그에 따라서 새로운 신규투자는 더욱 어렵게 될 것이고, 특히 혁신적 투자전력에 따른 투자는 저해되게 될 것이다. 특히 외국투자자들은 어떤 국가에서 규제를 강화하면 그 국가에 대한 투자를 회피하게 된다.[38)]

자유무역협정의 투자자소송규정을 비판하는 사람들은 외국투자를 촉진하는 것이 지속가능한 발전, 환경과 환경의 유용한 자원의 보호를 증진하기 위해 필요한 것이라는 것을 인정하면서도 "국제투자가 지속가능한 발전을 달성하는 데 기여하기 위해, 정부는 그러한 투자가 이루어질 수 있도록 계속해서 법적, 경제적 환경을 설정하도록 노력해야 한다."라고 주장하고 있다.

---

36) David F. Waskow, Dominican Republic-Central America Free Trade Agreement : Hearing Before the Subcomm. on Commerce, Trade, and Consumer Protection of the H. Energy and Commerce Comm., 109th Cong. 108 (Nathaniel Hemmerick Hunt, One Step Forward, Two Steps Back : The Central American Free Trade Agreement and Environment, 35 Ga. J. Int'l & Comp. L. 545, 563 (2007)에서 재인용).

37) Deborah James, Environmental Impacts of CAFTA, Global Exchange, http://www.globalexchange.org/campaigns/cafta/Environment.html (2008. 2. 29. 방문).

38) Thierry Olivier Desmet, Understanding Hedge Fund Adviser Regulation, 4 Hastings Bus. L.J. 1, 26-27 (2008).

투자자들에게 유치국 환경법규의 적법성과 다툴 수 있는 소송제도를 인정하는 것은 경제발전을 유도하기 위한 압력과 필요에 의해서 정부의 적정한 환경규제입법을 억제하게 할 것이다. 투자자소송은 투자자들의 특정행위들이 그 국가의 환경이 공공건강과 복지에 부정적인 영향을 미치는 경우에도 투자유치국 정부들이 외국투자자들에게 보상을 해 주어야 하는 것으로 악용될 수 있다고 한다.[39]

제4절 한·미 자유무역협정상 투자자·국가소송제도(ISD)

북미자유무역협정에서의 투자자·국가소송제도는 한·미 자유무역협정의 투자자·국가소송제도(ISD)에 지대한 영향을 미쳤다 할 것이다. 한·미 자유무역협정의 투자자·국가소송제도(ISD)는 투자유치국 정부가 Section A의 협정상 의무, 투자계약 또는 투자인가를 위반하여 투자자에게 손해를 발생하게 하는 경우, 투자자가 투자유치국 중앙정부를 상대로 국내법원 또는 국제중재를 통하여 구제를 요청할 수 있는 제도이다. 협정상 의무 위반 외에도 투자계약 및 투자인가 위반사항, 또는 투자에 대해 투자유치국 정부가 투자자에게 위해를 가한 경우라고 할 수 있을 것이다. 이 투자유치국 정부에는 지방자치단체 등 지방정부도 포함될 수 있다. 투자계약은 우리나라 정부에 의해서는 사실상 거의 시행하지 않고 있는 실정이고, 투자인가는

39) Nathaniel Hemmerick Hunt, One Step Forward, Two Steps Back : The Central American Free Trade Agreement and Environment, 35 Ga. J. Int'l & Comp. L. 545, 563 (2007).

한·미 양측이 투자인가기관을 갖고 있지 않음을 확인하는 각주를 추가하도록 양측에서 합의하여 사실상 아무런 의미를 가지지 못하게 되었다. 그래서 한·미 자유무역협정상 투자자·국가소송제도(ISD) 적용 대상이 우리나라가 다른 나라들과 다수 체결한 BIT상 포괄적 국가계약의무준수조항과 비교해 볼 때 상대적으로 좁다고 보는 견해도 있다.[40)]

국제중재는 3인으로 구성된 중재판정부(Tribunal)에서 심리하는데, 투자자와 피제소국 중앙정부가 각각 1인을 지명하고 각 당사자의 합의에 의해서 의장중재인을 선임하되, 중재 제기 후 75일 이내에 중재판정부가 구성되지 않는 경우 국제투자분쟁해결센터(ICSID) 사무총장은 당사자 간에 합의하지 않는 한 제3국 국적을 가진 자를 의장중재인으로 선임하게 된다. 제소의 주체인 외국인투자자는 자신의 손실에 대하여 직접 제소하거나 투자기업을 소유, 통제하는 외국인투자자가 기업을 대리하여 제소할 수도 있게 규정되어 있다.

중재절차는 일반적으로 다음 세 가지 절차들 중 하나를 선택할 수 있다. 첫째는 세계은행(World Bank) 산하에 있는 국제투자분쟁해결센터(ICSID)에서 채택하고 있는 분쟁해결절차이다. 143개 회원국에게 투자자·국가 간 분쟁해결절차를 제공하고 있고 우리나라와 미국이 모두 국제투자분쟁해결센터(ICSID)의 회원국이다. 둘째는 국제연합국제거래법위원회(United Nations Commission on International Trade Law, 'UNCITRAL')에서 채택하고 있는 절차를 이용하는 것이다. 마지막으로는 국제상업회의소(International Chamber of Commerce)를 이용하는 것이다. 투자자와 피제소국에서 합의

---

40) 김민호, FTA 및 BIT상 투자자보호규정들의 해석 및 적용에 관한 미국법제도연구(법제처 2007 세계법제 연구용역 보고서), xiii면 참조.

가 이루어지면 그 합의에 따른 절차를 따르게 된다. 중재심리 및 제출 서류는 모든 일반에게 공개되는 것이 원칙이지만, 비밀정보의 경우에는 관련 절차에 따라 보호되도록 규정되어 있다. 투자자는 상대국 법원 또는 국제중재절차에 제소할 수 있는 선택권을 가지지만, 미국인투자자는 한국중앙정부를 상대로 한국법원 또는 국제중재절차 제소 중 하나를 선택한 후에는 다른 절차 제소가 불가능하고, 한국인투자자는 미국정부를 상대로 국제중재절차 개시 후 미국법원에서의 제소가 불가능하다. 하지만 미국 법원 제소 후 제소된 미국 국내법원 재판 절차를 중지하는 경우에는 국제중재절차를 신청하는 것이 가능하다.

협정상 의무위반 사안에 관한 국제중재절차의 준거법으로는 한·미 자유무역협정과 국제법이 있고, 투자계약 또는 투자인가 위반사안에 관한 국제중재절차의 준거법은 해당 투자계약 또는 투자인가에서 규정된 법 또는 분쟁당사자간 협의된 국가의 법이 될 것이다.

국제중재판정은 구속력 혹은 확정력을 가지는 단심제(binding and final)가 원칙이다. 그 판정은 금전적 손해와 적용가능한 이윤 및 재산권의 복구만을 그 구제방법으로 한정하고 있으며 일정한 이행조치를 명령하거나, 이미 행하여진 처분의 취소판정을 할 수 없도록 규정하고 있다. 이것은 만약 이러한 조치를 가능하게 하면 피제소국의 주권침해의 가능성이 있을 수 있기 때문이라고도 볼 수 있을 것이다.

손해배상의 범위도 문제가 될 수 있다. 일반적 손해배상의 기준이 보상적 손해배상(compensatory damages)만을 인정할 것인지, 악의적·고의적 침해행위에 대해서 미국에서 인정되고 있는 징벌적 손해배상(punitive damages)까지 허용할 것인지가 문제가 된다고 할 수 있다. 협정상으로는 미국에서 인정되고 있는 징벌적 손해배상(punitive damages)은 허용되지 않는 것으로 이해되고 있다.

한 · 미 자유무역협정상의 투자자 · 국가소송(ISD)의 제소기간에도 제한이 있다. 투자자가 투자유치국 정부의 위배행위 등으로 손실이 발생하였음을 인지한 날로부터 3년이 경과한 후에는 중재신청이 불가능하다. 이상의 논의를 표로 정리해 보면 다음과 같다.

한 · 미 자유무역협정상 투자자 · 분쟁해결절차(ISD)[41]

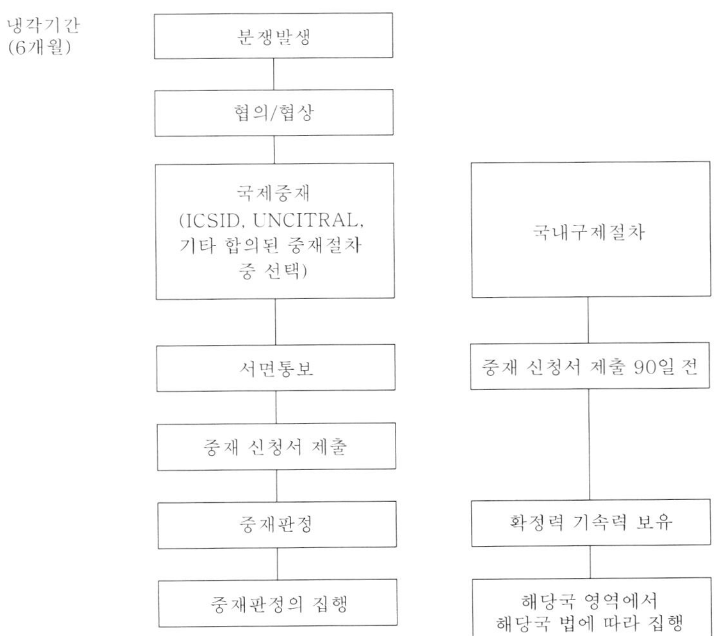

41) 김민호, FTA 및 BIT상 투자자보호규정들의 해석 및 적용에 관한 미국법제도연구(법제처 2007 세계법제 연구용역 보고서), xiii-xiv면 참조.

제3장

미국에서의 규제적 수용이론

제1절 개관

18세기 말 미국 연방헌법이 처음으로 제정되었을 때 연방정부는 외교에 관한 권한, 군사에 관한 권한, 화폐에 관한 권한 등 제한적인 권한들을 가지는 것으로 규정되었고 일반적인 정책권한은 미국의 개별 주정부에서 행사하는 것으로 되어 있었다. 그리하여 미국에서는 연방정부가 아닌 각 州政府가 一般的 規制權(police power)을 가지는 것으로 보고 있다. 주정부들은 州政府權限에 의해 확립된 규제권을 행사하여 공공의 안전(public safety), 건강(health)과 도덕(morality), 그리고 일반 공공복리의 증진(the general public welfare)을 위하여 토지의 사용을 제한할 수 있다.[1)]

이러한 규제권 개념은 미국 연방헌법보다 훨씬 오래된 개념으로 어떤 학자들은 미국 독립 전인 1187년까지 거슬러 올라간다고 한다.[2)] 미국 연방대법원은 1824년에 "各州에 인정되는 권한으로 그의 경찰권, 내부 거래를 규제하고 그 자신의 시민들을 지배하기 위한 권한이다."라고 일반적 규제권을 정의하였다.[3)] 州의 規制權은 직접적으로 공공복리를 보장하고 향상시키는 것을 목적으로 제한이나 강제를 할 수 있다. 이 규제권에 의하여 시민은 각자의 지역에서 공손하고 좋은 이웃으로 예의 있게 행동해야 하는 것은 물론, 친절하고 부지런하고 비폭력적이어야 한다.[4)] 미국 사법부가 판례로

1) Village of Euclid v. Ambler Realty Co, 272 U.S. 365, 387 (1926).

2) Dan Herber, Surviving the View through the Lochner Looking Glass : Tahoe-Sierra and the Case for Upholding Development Moratoria, 86 Minn. L. Rev. 913, 917 (2002).

3) Gibbons v. Ogden, 22 U.S. (9 Wheat.) 1, 208 (1824).

4) Steven J. Eagle, Regulatory Taking 3-2, 218-19 (2001) "citizens are bound to the rule of propriety, good neighbourhood, and good manners ; to be decent, industrious, and inoffensive in their respective stations."

인정하는 규제권의 적용대상인 공적 해악은 공공의 미적 감각(aesthetic sensibilities)을 해하는 경우까지 포함해 상당히 광범위하게 인정되었다.[5)]

독립된 국가로서 막 기능하기 시작한 1800년을 전후한 미국은 현재와 같이 고도로 산업화된 사회와는 현격한 차이가 있는 농업과 가내공업 중심의 사회였다.[6)] 따라서 강력하고 방대한 중앙집중식의 행정권이 필요하지도 않았고 제한된 권력만을 가진 소규모의 연방정부만으로 충분히 그 기능을 다할 것으로 여겨졌다.

약 225년 전에 제정된 미국 연방헌법에서는, 삼권분립의 원칙에 의해서 의회(Congress)는 국민의 대표기관으로서 입법권을 행사하는 것으로 "모든 입법권은 미국의 연방 의회에 주어져 있다."라는 규정을 가지고 있다. 미국 헌법에서는 행정권에 대해서 "행정권은 대통령이 가진다."라고 명확히 하고 있다. 그리고 "사법권은 연방대법원과 법률에 의해서 수시로 설립되는 하위 법원들이 가진다."라고 규정하고 있다.[7)]

미국 연방대법원은 그 판결례를 통하여 연방헌법에서의 삼권분립의 원칙은 정부의 효율을 증진하기 위해서 이루어진 것이 아니라 독재에 대한 강력한

---

5) Dan Herber, Surviving the View through the Lochner Looking Glass : Tahoe-Sierra and the Case for Upholding Development Moratoria, 86 Minn. L. Rev. 913, 919 (2002).

6) Steven J. Cann, Administrative Law, 10 (1998).

7) U.S. Const. art. I. S 1, "All legislative Powers herein granted shall be vested in a Congress of the United States, which shall consist of a Senate and House of Representatives." art. II. S 1, "The executive Power shall be vested in a President of the United States of America." art. III. S 1, "The judicial Power of the United States, shall be vested in one supreme Court, and in such inferior Courts as the Congress may from time to time ordain and establish. 이상의 삼권분립의 원칙과 더불어 행정부 자체에 대한 규정은 없고 대통령의 법률집행권과 대통령임명권을 규정하고 있다. U.S. Const. art. II.§3. the President "shall take Care that the Laws be faithfully executed and shall Commission all the Officers of the United States."

방어수단이라고 판시하였다.[8] 연방헌법제정자들이 의도했던 것은 엄격한 권력분립이 아니라 특정권력을 여러 기관들에 분산·중첩하는 것이었다. 이러한 권력구조는 헌법제정자들이 추상적으로 창출한 것은 아니며 헌법제정 이전인 '연합규약(Articles of Confederation)'시대에 각 주의 입법부가 행한 권력남용과 '대륙회의(Continental Congress)'가 입법기능과 더불어 행정, 사법기능을 같이 수행하는 데에서 온 비효율성을 고려하여 규정한 것이라고 한다.[9]

이렇게 미국 연방헌법에서 규정하고 있는 삼권분립의 원칙을 현실에 적용함에 있어 보다 엄격하게 적용할 것인가 아니면 완화된 모습으로 적용할 것인가에 대해서는 미국 연방대법원 판결례에서도 상반된 견해를 나타내고 있다. Burger 연방대법원장은 Ins v. Chadha 판결에서 삼권분립원칙의 엄격한 적용을 주장하였다.[10] 이에 대하여 Jackson 대법관은 Youngstown Co. v. Sawyer 판결에서 보다 완화된 개념의 삼권분립원칙을 적용할 것을 주장하였다.[11]

---

8) UNITED STATES v. BROWN, 381 U.S. 437, 443 (1965)
이 판결에서는 James Madison이 쓴 "입법권, 행정권, 사법권을 축적하여 한 사람이나 몇몇 사람의 손에 놓이게 하는 것은 그 자체가 바로 독재를 선언하는 것"이라는 말을 인용하여 더욱 유명하다 하겠다. James Madison wrote : "The accumulation of all powers, legislative, executive, and judiciary, in the same hands, whether of one, a few, or many, and whether hereditary, self-appointed, or elective, may justly be pronounced the very definition of tyranny."

9) 양건, "미국헌법상의 대통령과 의회의 권한관계", 공법연구 제31집 제1호, 276면 이하 참조.

10) 462 U.S. 919, 952 (1983)
The Constitution sought to divide the delegated powers of the new Federal Government into three defined categories, Legislative, Executive, and Judicial, to assure, as nearly as possible, that each branch of government would confine itself to its assigned responsibility. The hydraulic pressure inherent within each of the separate Branches to exceed the outer limits of its power, even to accomplish desirable objectives, must be resisted.

11) 343 U.S. 579, 635 (1952)
While the Constitution diffuses power the better to secure liberty, it also contemplates that practice will integrate the dispersed powers into a workable

이상에서 본 것과 같이 미국 연방헌법에서의 삼권분립에 관한 규정의 모호성과 연방대법원의 삼권분립의 규정에 관한 다른 해석은 미국 연방헌법이 분리된 권한들을 하나의 부처에 집중시키는 것을 금지하고 있지는 않으며, 다만 실현 가능한 범위 내에서 분리할 것을 요구하고 있다는 주장을 가능하게 한다.[12] 19세기 말부터 산업화가 진행됨에 따라 연방정부 차원에서도 규제위원회들이 설립되고 연방정부의 규제권이 점점 강화되었다고 할 수 있다.

제2절 미국에서의 규제권 강화

1. 건국초기 제한된 정부로서의 연방정부

미국 연방헌법은 제1장 제8조에서 "의회는 이 헌법에 의해서 미합중국 정부와 정부의 부처 또는 공무원들에게 부여된 모든 권한들과 앞에서의 권한을 이행하기 위해서 필요하고도 적절한(necessary and proper) 입법을 하여야 한다."[13]라고 규정하고 있다. 이 규정은 의회가 적절한 입법을 통하여 그들의 권한을 수행할 수 있는 권한을 인정하고 있고, 의회는 다른 정부 주체가 의회

---

government. It enjoins upon its branches separateness but interdependence, autonomy but reciprocity. Presidential powers are not fixed but fluctuate, depending upon their disjunction or conjunction with those of Congress.

12) Peter Marra, Have Administrative Agencies Abandoned Reasonability?, 6 Secton Hall Const. L. J. 763, 782 (1996).

13) U.S. const. art I. §8 "the Congress shall have power … To make all Laws which shall be necessary and proper for carrying into Execution the foregoing Powers and all other Powers vested by this Constitution in the Government of the United States, or in any Department or Officer thereof."

의 권한을 대신 행사할 수 있도록 입법권을 위임하는 것도 여전히 의회의 입법권 행사로 볼 수 있는 근거를 제공하고 있다.[14] 한편 미국 연방헌법에는 삼권분립의 원칙을 규정하는 조항들만 있고 행정부의 법규제정권에 관한 조항은 없어서, 이 삼권분립의 조항들을 엄격히 해석한다면 미국에서 적어도 聯邦法 차원에서는 行政府의 法規制定權이나 司法權은 없다고 보아야 한다. 다시 말해, 행정부는 법률의 집행력만 가진다고 할 수 있겠다.[15]

미국 헌법에서 행정부의 법규제정권에 관한 규정을 두고 있지 않은 것은 헌법제정의 시대적 상황과 관련이 있는 것 같다. 즉 건국 초기 미국정부는 소위 제한된 정부(limited government)로서 정부의 규제권한이 극히 제한되었다. 권리헌장(Bill of rights), 삼권분립(the separation of powers), 그리고 연방주의(federalism) 등의 규정들을 가진 미국 연방정부는 제한된 권한만을 가지는 것이 국민의 생명권(life), 자유권(liberty), 그리고 재산권(property)을 보다 잘 보호해 주는 것으로 여겼다. 이러한 믿음은 19세기말 미국에서 철도산업이 발달하고 산업화가 진행됨에 따라 점점 사라졌다. 미국 연방의회는 드디어 1887년 주간무역위원회(Interstate Commerce Commission, 이하 'ICC')라는 최초의 연방행정위원회를 설립해서 주간의 철도교통을 규제하는 제한된 권한을 행사하게 하였는데, 이 위원회는 그 후 다른 행정위원회들의 설립에 하나의 본보기가 되었다. 주간무역위원회(ICC)는 입법권, 재결권, 집행권을 함께 가지면서 입법부, 행정부, 그리고 사법부의 어느 부에도 속하지 않는 규제위원회로서 "철저한 중립성(the

---

14) William F. Fox., Jr., Understanding Administrative Law, 22 (1997).

15) Ira P. Robinns, Privatization of Prisons : Privatization of Corrections ; Defining the Issues, 40 Van. L. Rev. 813, 823 (1987).

coldest neutrality)"을 지키며, 미의회에 의해 만들어진 주간의 철도교통에 대한 모호하고 일반적인 정책들을 효율적으로 수행하기 위해서 설립된 새로운 형태의 정부조직이었다.[16)]

그 후에 미국에서 많이 설립된 행정규제위원회(Administrative agencies)들은 제한된 사회범위 내에서 적용되는 신속하고 유연한 행정을 위하여 분리된 정부의 기능을 하나의 체제 중에 두어 제한된 일부사회에 적용되는 새로운 법규를 제정하거나, 재결권을 행사하거나, 의회의 법률이나 행정법규를 집행하기도 했다. 이렇게 신속하고 유연한 행정의 장점을 지닌 행정규제위원회들은 1900년대 초에 이미 국민의 일상생활에 깊숙이 개입할 정도로 많이 설립되었고 1930년대의 대공황에 대응하기 위한 뉴딜 정책(the New Deal)의 실시로 그 수가 급격히 늘어났다.[17)]

2. 19세기 말 이후 연방정부 규제권한의 지속적 확대

1930년대에 미의회는 사상 유례를 찾아보기 힘든 경제적 난국인 대공황(the Depression)에 대응하기 위하여 많은 규제위원회들을 설립했고, 이들 규제위원회들에게 특별한 법률적 지침(statutory guidance) 없이 위임된 권한을 행사하게 했다. 즉 미의회는 많은 권한을 특별한 제한 없이 규제위원회들에 위임(open-ended delegations of authority)했던 것이다. 뉴딜 정책(the New Deal)의 이런 엄청난 변화는 1932년에서 1936년까지 비교적 단기간

---

16) Paul D. Carrington, Law and Economics in the Creation of Federal Administrative Law : Thomas Cooley, Elder to the Republic. 83 Iowa L. Rev. 363, 379 (1998).

17) David H. Rosenbloom, Resemary O'Leary, Public Administration Law, 16 (1997).

안에 일어났지만 그 결과는 엄청난 것이었다.[18)]

뉴딜 정책은 미국 헌법구조의 중요한 개혁을 가져온 것으로 평가된다. 즉 미국헌법구조의 주축이라고 할 수 있는 연방주의(federalism), 견제와 균형(checks and balance), 그리고 인권보호(Protection of individual rights)를 재편성하는 정책이었다고 평가된다. 1930년대의 뉴딜 정책으로 인하여 미국 연방정부의 권한은 엄청나게 확대되어 마치 중앙의 연방정부가 일반적인 정책권한을 가지는 것과 같이 되었다. 이로 인해서 엄격히 제한된 연방정부라는 미국 연방헌법 제정 당시의 취지는 희석되었다.

이렇게 원래의 취지들이 희석된 이유는 비교적 간단하다. 첫째, 대공황시대에는 각 지방의 주자치(state autonomy)가 민주적 자치정부의 방해요소로 간주되었다. 미국의 주들(States)은 지역적이고 개별적인 이익에 따라 움직이는 비효율적인 기관으로 간주되었던 것이다. 뉴딜 정책이 종결되었던 1940년대 미국의 주자치는 그 정책이 시행되기 이전인 1920년대의 주자치와는 완전히 달랐다. 둘째, 견제와 균형체제(the system of checks and balance)가 산업국가에서는 제대로 기능하지 못한다는 강력한 비판을 받게 되었다. 견제와 균형을 통해서는 효율적인 정부가 불가능하다는 것이었다. 특히 이러한 비난은 대공황을 통해서 더욱 거세졌고 연방의회는 많은 권한을 대통령에게 위임하고 많은 행정위원회(executive agency)나 독립규제위원회(independent regulatory agency)를 설치하여 견제와 균형체제에서 나타나기 쉬운 비능률이라는 역효과에 대처하려고 했다. 이들 위원회는 전통적으로 분리되었던 정부의 기능들을 통합한 고도의 행정자치권(administrative autonomy)을 가

---

18) Cass R. Sunstein, Congress, Constitutional Moments, and the Cost-Benefit, 48 Stanford Law Review, 247, 254 (1996).

지는 기관들이었다. 셋째, 인권(individual rights)에 관하여서도 중요한 변화가 생겼다. 인권이 전통적인 사익의 보호라는 견지에서 대공황시대에는 시장경제의 해악과 위험으로부터 정부를 통한 개인의 보호라는 방향으로 옮겨 갔다. 시장경제에서 오는 해악들과 위험들에는 실직, 빈곤, 무주택, 영양부족 등이 포함된다. 전통적인 시장경제와 이를 바탕으로 하는 보통법(the common law)의 실패는 미국 연방정부가 광범위한 재분배정책(redistributive policies)을 시행할 수 있는 권한을 갖게 하였다.

1960년대와 1970년대는 이른바 권리혁명(rights revolution)시대로 엄청난 수의 새로운 규제위원회들이 만들어졌다. 이 시대에 미국에서는 소비자 보호문제, 환경문제, 작업장에서의 근로자 보호문제 등의 사회적 문제들이 제기되었고 새로운 규제위원회들이 소비재와 작업장에서 소비자의 생명과 노동자의 건강을 보호하고 환경을 보호하기 위해 설치되었다. 환경청(EPA), 노동안전위원회(OSHA), 소비자보호위원회(CPSC) 등이 대표적으로 이 시대에 새로이 설립된 규제위원회들이다.[19)]

제3절 정부 규제권 강화와 공용수용권의 확대

1. 미국 연방헌법에서의 수용

정부가 사인의 재산을 수용할 수 있는 근거는 미국의 연방헌법에서 찾아볼 수 있다. 미국 연방수정헌법 제5조는 "누구도 사적 재산권을 정당한 보상

19) Ibid. 256.

없이 공적 사용을 목적으로 수용하지 못한다."[20]라고 규정하고 있다. 미국 연방대법원은 이 규정을 공익과 개인의 부담을 형량하는 수단으로 해석하고 있으며, 정부가 공평과 정의에서 모든 국민이 전체적으로 부담하여야 할 부담을 몇몇 국민들에게만 강제하는 것을 방지하는 데 이 규정의 목적이 있다고 한다.[21] 미국 연방대법원은 이 헌법규정을 통하여 재산권과 규제권의 비교형량을 시도해 왔다고 할 수 있다.[22]

미국 연방 수정헌법 제5조는 정부의 수용권(eminent domain)에 관한 규정이라기보다 정당보상(just compensation)에 관한 규정으로서 개인의 재산권을 공적 사용을 위해서 수용할 수 있는 이른바 수용권을 헌법에서 명문으로 인정하고 있지 않고 다만 수용할 때에는 정당한 보상을 하여야 한다고 규정하고 있을 뿐이다.[23] 한편, 최소한 "공적 사용(public use)"을 위해서만 수용할 수 있다는 점은 사유재산에 대한 정부의 수용권을 엄격히 제한한다고 할 수 있다.[24]

미국 연방헌법에서의 수용조항 중에서 공적 사용조항이 어떤 의미를 가지고 있는 것인가에 대해 제임스 메디슨(James Madison)의 견해를 먼저 살펴보는 것이 중요한 의미가 있다. 왜냐하면, 메디슨이 연방하원에 미국 연방수

20) the 5th Amendment : "…Nor shall private property be taken for public use, without just compensation."

21) Armstrong v. United States, 364 U.S. 40, 48-49 (1960). "forcing some people alone to baer public burdens which, in all fairness and justice, should be borne by the public as a whole".

22) Suzanne Zazycki, Investment-backed expectations after palazzolo v. Rhode Island, 34 U. Tol. Rev. 401, 403 (2003).

23) Dan Herber, Surviving the View through the Lochner Looking Glass : Tahoe-Sierra and the Case for Upholding Development Moratoria, 86 Minn. L. Rev. 913, 917 (2002).

24) Richard A. Epstein, Takings : Private Property and the power of eminent domain 162 (1985).

정헌법 제5조의 수용조항(the takings clause)을 제안했고 이것이 결국 미국 연방헌법상의 권리장전에 한 조항을 이루게 되었기 때문이다.[25)]

메디슨은 개인의 재산권을 보호하는 것이 정부의 주요한 목적들 중의 하나라고 여겼으며 공적 사용조항을 이러한 목적을 증진하기 위해서 제안했다고 설명한다. 메디슨은 특히 더 많은 토지를 취득하려는 강력한 특정집단이 다른 약한 사람들을 희생하면서 자신들의 이익을 위해서 입법부에 영향을 미칠 것을 염려하여, 특정집단의 영향에 의한 효과들을 통제하기 위해서 공적 사용조항을 제안했다고 한다. 메디슨은 미국 연방헌법상의 권리장전(the Bill of Rights)을 이행하는 책임을 사법부에 맡겼다. 따라서 그에 의하면 미국 연방수정헌법 제5조에 의한 수용은 오직 공적 이용을 위한 경우여야만 인정되는 것이고, 만약 사적 이용(private use)을 위한 수용이 허용된다면 이것은 사법부가 이익집단의 영향을 통제하는 것에 실패했다는 것을 나타내는 것이며 피수용자들의 재산권들을 박탈하여 다른 사람들의 혜택을 위해서 수용함으로써 사회적 계약을 위반하였음을 나타내는 것에 불과하다고 한다.[26)]

미국 연방대법원은 1897년의 판결을 통해서 연방헌법의 수용조항은 연방수정헌법 제14조 적법절차의 규정을 통하여 모든 주(States)에도 적용된다고 판시하였다. 이러한 연방대법원의 판결이 아니라도 미국 各州들에도 수용조항이 적용된다고 할 수 있는데, 알래스카주, 캘리포니아주, 위스콘신주와 같이 미국 대부분의 州憲法들은 수용조항을 명시적으로 가지고 있거나 혹은 해석을 통하여 수용조항을 인정하고 있기 때문이다.[27)] 미국에서 수용권

25) William Michael Treanor, The Origins and Original Significance of the Just Compensation Cluase of the Fifth Amendment, 94 Yale L.J. 694, 708-13 (1985).

26) Michael J. Coughlin, Absolute Deference Leads to Unconstitutional Governance : The need for a new public use rule, 54 Cath. U. L. Rev. 1001, 1004-1007 (2005).

은 연방정부뿐만 아니라 주정부에 의해서도 행사된다고 하겠다.[28)]

결국, 미국에서는 연방수정헌법 제5조와 제14조의 통합을 통하여 정부가 공적 사용을 위해 사적 재산을 수용할 수 있는 묵시적인 권한과 정당보상지급의무를 결합한 수용권이라 하겠다. 연방정부나 주정부는 이러한 수용권을 통하여 개인의 사적 재산은 공적 사용을 위하여만 수용할 수 있는 것이고 사적 사용(a private use)을 위해서는 수용할 수 없는 엄격한 제한을 두었다. 연방헌법상 수용조항의 目的은 정부가 전체국민에 의해서 부담해야 할 負擔을 個人에게 强要하는 것을 防止하여 국민의 재산권을 보호하기 위한 것이라고 할 것이다.[29)] 정부가 국민의 재산을 수용할 때에는 적어도 공적 사용을 위해서만 수용할 수 있다는 것은 국민의 사유재산에 대한 정부의 수용권에 가하여진 엄격한 제한이라고 할 수 있는 것으로, 공적 사용의 개념이 확대되면 확대될수록 정부의 수용권을 확대하여 인정하는 것이 된다. 이와 관련해서 연방대법원은 Kelo v. City of New London 판결을 하였다.

2. Kelo v. City of New London 판결[30)]

1) 사건의 연역

(1) 사건의 배경

이 사건의 대상이 된 것은 미국 코네티컷주 뉴런던시(New London,

27) Chi., Burligton & Quincy R.R. Co. v. City of Chicago, 166 U.S. 226 (1897)

28) Steven E. Buckingham, The Kelo threshold : Private and public use reconsidered, 39 U. Rich. L. Rev. 1279, 1280 (2005).

29) Terri L. Lindfors, Regulatory takings and the expansion of burdens on common citizens, 24 Wm. Mitchell L. Rev. 255, 258 (1998).

30) 545 U.S. 469 (2005).

Connecticut)이다. 이 도시는 1970년 이후 몇 십 년 동안 계속해서 인구가 감소하고 실업률이 높아 동 기간 동안 다른 지역보다 훨씬 심각한 사회문제를 겪었다. 새로운 주택이나 사업을 위한 건설사업은 사실상 없는 것이나 다름없는 상태였다. 이러한 사회문제에 직면하면서 시당국에서는 1978년 뉴런던개발회사(the New London Development Corporation, 이하 'NLDC')라는 비영리회사를 만들어서 시당국에서 할 수 있는 경제개발계획에 대한 조언을 하도록 하였다. 그러나 NLDC의 운영에도 불구하고 이 지역은 계속되는 사회적, 경제적 침체에서 벗어날 수 없었다. 그러던 중 1996년 미국 해군당국이 이 지역에 있던 해군기지를 폐쇄하여 약 1,500개의 일자리를 잃게 되었다. 이에 코네티컷주 당국(the Connecticut Office of Planning and Management)은 이 지역을 "경기낙후지역(distressed municipality)"으로 지정하기에 이르렀다.

NLDC는 이에 보다 적극적인 정책으로 1998년 1월부터 뉴런던시 인근의 트럼불항(Fort Trumbull) 재개발사업을 추진하게 되었다. 이 지역은 뉴런던시 중에서도 가장 낙후된 곳이었다. NLDC의 재개발계획에 따르면 트럼불항은 최악의 낙후지역에서 뉴런던재개발사업의 중추지역으로 탈바꿈하게 되어 있었다. 세계적 제약회사 파이저(Pfizer Corporation)가 이곳에 연구개발 본부를 건설하겠다고 제안해 왔고, 이 사업은 약 2,100개의 새 일자리 창출효과를 가져올 것으로 기대되었다. 1998년 4월 뉴런던시의회는 트럼불지구 도시개발계획(municipal development plan)을 수립할 것을 승인했고 이 개발계획의 감독권을 NLDC에 위임하였다. 그 후 2000년 1월에 개발계획이 완성되었고 시의회에서 이를 승인하였다. NLDC의 재개발계획에 따르면 제약회사 파이저의 2,100개의 일자리 창출에 더해 1,700개에서 3,200개의 새 일자리 창출효과가 있고 백만 달러 이상의 세수 증대가 있을 것으로 예상되었다.

시의회에서는 2000년 1월에 공식적으로 NLDC가 트럼불지구 토지들을 취득할 것을 승인하였고 그때까지 NLDC는 이미 상당한 토지를 비공개적으로 취득한 상태였다. 그 후 1년 안에 NLDC는 재개발계획을 시행할 수 있는 대부분의 토지를 취득할 수 있었지만 몇몇 기존의 토지권보유자들은 권리양도를 거부하였다. 2000년 10월에 NLDC는 켈로 부인(Mrs. Kelo)을 비롯한 몇 명의 기존 토지권보유자들을 상대로 토지수용권(eminent domain)을 발동할 것을 결정하고 11월에 수용통지(Notices of condemnation)를 하였다.

(2) 하위법원들의 판결

켈로 부인(Mrs. Kelo) 등은 NLDC에 대항하여 강제수용절차의 정지를 구하는 소송을 코네티컷주 제1심법원(Connecticut Superior Court)에 제기하였다. 일심법원은 이 사건 심리 후에 몇몇 원고들의 손을 들어 주어 각각 토지수용절차의 항구적 금지명령(permanent injunction)이나 일시적 금지명령(temporary injunction)을 하였다. 제1심법원은 판결의 이유로, "공적사용(the public use)"이라는 토지수용의 요건은 단순히 정부만이 개인의 재산권을 수용하기 위해서 갖추어야 하는 요건일 뿐만 아니라 개인이 자신들의 재산권을 보장받기 위해서 보유한 헌법적으로 보호되는 법익이라고 하였다.[31)]

코네티컷주 대법원(the Supreme Court of Connecticut)은 상고심에서 항구적 금지명령을 파기하는 판결을 하였다. 그 이유는 아직 뉴런던시당국에

31) Kelo v. City of New London, No. 557299, 2002 Conn. Super. LEXIS 789, *366.

서 특정의 개발계획을 실행하지 않았음에도 불구하고 강제수용절차는 정당하다는 것이었다.[32)]

2) 미국 연방대법원판결의 판지

미국 연방대법원은 이 사건을 심사할 것을 결정하고[33)] 2005년 6월 23일에 판결하였다.[34)] 스티븐스 연방대법관(Justice Stevens)이 판결문을 썼고 케네디(Kennedy), 샤우터(Souter), 긴스버그(Ginsburg), 브라이어(Breyer) 연방대법관이 이에 찬성했다. 케네디 연방대법관은 판결문에 대한 동조의견을 썼다. 반대 견해는 오커너 연방대법관(Justice O′Connor)이 썼고 연방대법원장 렌케스트(Rehnquist), 스칼리아(Scalia), 토마스(Thomas) 연방대법관이 이에 찬성하였다. 토마스 연방대법관은 반대의견에 대한 동조의견을 썼다.

판지를 살펴보면 "시당국에서 트럼불항 지역이 이미 황폐화되어 경제재개발정책이 필요하다고 결정한 것은 연방대법원이 존중해 주어야 한다. 시당국은 해당 지역에 유익한 혜택이 돌아갈 수 있는 경제개발계획을 신중히 수립하였고, 다른 경제개발개획들과 같은 일부분의 총합이 아니라 전체로서 계획이 수립될 것을 희망하면서 해당 지구의 상업용, 주거용, 오락용 토지사용에 관해 계획하였다. 이러한 경제개발계획을 이행하기 위해서, 경제개발을 촉진하기 위한 수용권(eminent domain)을 발동할 수 있는 것을 특별히 인정하고 있는 주정부의 법률에 근거해서 실시하게 되었다. 계획의 포괄적

---

32) Kelo v. City of New London, 843 A.2d 500, 773-74 (Conn. 2004).
33) Kelo v. City of New London, 125 S.Ct. 27 (2004), cert. granted (No. 04-108).
34) 545 U.S. 469 (2005).

특징, 개발계획의 수립을 위한 충분한 논의를 거친 점, 제한된 사법심사의 범위 등을 고려할 때 개별 토지권보유자들이 제기하는 분쟁들은 부분별로 검토할 것이 아니라 전체계획의 견지에서 살펴보는 것이 적당하다. 해당 경제개발계획은 명백히 공적 목적에 공헌하는 것이기 때문에 본 사건에서 다루어지는 수용은 연방수정헌법 제5조의 공적 사용요건을 충족한다고 할 수 있을 것이다. … 경제개발을 도모하는 것은 전통적으로 오랫동안 받아들여지고 있는 정부의 기능이다. 경제개발을 우리가 인정하고 있는 다른 공적 목적들과 구별할 수 있는 원칙은 없다. 예를 들면, 우리는 선례에서 농업과 광업을 촉진하는 수용(takings)의 사례들을 지지했고 이러한 산업들이 해당 주의 복리에 얼마나 중요한 것인가를 강조해 왔다. … 공적 목적은 정부기관보다 사기업이 보다 더 잘 달성할 수 있을 것이고 … 그렇기 때문에 의회에서 이러한 결론에 도달했을 것이다. 우리는 공적 소유만이 지역재개발계획들의 공적 목적들을 달성할 수 있는 유일한 방법이라고 말할 수는 없다. … 개발계획의 효용성에 관한 시당국의 신중한 판단에 대해서 예단하는 것을 우리가 거부하는 것과 같이, 우리는 그 계획을 실현하기 위해 어떤 토지를 취득할 것인가에 관한 시당국의 결정들에 대해서도 또한 예단하기를 거절한다. 사법부는 경계선의 획정을 감독하기 위한 기관도 아니고 특정 계획지역의 크기를 심사하는 기관도 아니다. … 본법원은 원고들의 재산을 시당국이 수용할 수 있는 권한이 있다는 것을 인정하며, 정당보상의 지불에도 불구하고 수용절차가 가져다줄 고통에 대해 과소평가하지는 않는다. … 그러나 본법원의 권한은 시가 계획하고 있는 수용절차들이 연방수정헌법 제5조의 "공적 사용(the public use)"에 해당하는 것인가를 판단하는 것에만 있다. 이 문제에 대해 본법원은 해당 헌법규정을 해석·적용해 온 1세기 이상의 판례법이 긍정적 해답을 하도록 하기 때문에 원고들이 구하는 법적 구제를 인정할 수 없다. 코네티컷주 대법원(the Supreme Court of Connecticut)의 판결을 확인하고 이를 명한다."라고 판시하고 있다. 이 사건의 가장 주요한 문제는 민간개발업자들이 공적 목적을 증진하기 위해서 개인의 재산을 수용할 수 있는 이른바 私用收用을 허용할 것인가의 문제일 것이다.[35)]

3. "공적 사용(the public use)"의 확대경향

1) 20세기 중반 이전의 "공적 사용"

미국 헌정사를 살펴보면 정부에 의한 수용권의 행사는 20세기 중반 이전에는 격론의 대상은 아니었다. 정부에 의한 수용권이 행사될 때에는 일반적으로 도로·댐과 같은 공적 시설을 위한 토지를 확보하기 위한 경우가 대부분이었다. 연방대법원에서 처음으로 "공적 사용"의 의미에 대해 판단한 것은 1848년의 West River Bridge Co. v. Dix 판결[36)]이었다.

이 사건에서 문제가 된 수용(taking)은 주에서 면허를 준 기업에서 건설한 私用橋梁을 주 정부가 수용해 공적 용도에 사용할 수 있느냐 하는 것이었다. 이 사건에서 수용권자인 버몬트주정부(the State of Vermont)는 특정개인단체의 토지권을 수용해서 그 토지의 용도에 전혀 변화를 주지 않고 다른 개인단체에 이전할 수 있는 권한이 있다고 주장하였다. 이러한 주장에 대해 맥린 연방대법관(Justice McLean)은 "이것은 주정부가 할 수 없다. 이것은

---

35) Patricia E. Salkin, Lora A. Lucero, Community redevelopment, public use, and eminent domain, 37 Urb. Law. 201, 202 (2005).

36) 47 U.S. (6 How.) 507 (1848).

사실상 A로부터 재산을 수용해서 B로 이전하는 것이다. … 수용권이 발동되는 공적 목적이라는 것은 실제적이어야 하며 사칭해서는 안 된다."라고 하였다.[37] 우드베리 연방대법관(Justice Woodbury)은 "수용권이 반드시 그런 것은 아니지만 모든 종류의 공적 사용을 위해서 존재한다거나 단순한 편의를 위해서 사용될 수 있다는 원칙은 명백히 찬성할 수 없는 견해이다. … 일반 국민 다수가 수용된 특정 재산을 어떤 형태로든 직접적으로 사용할 수 있어야 한다. … 법원들에서 확인한 공적 사용은 대체로 교량, 도로, 전쟁과 연관된 사건들에 한정되어 있다."라고 하였다.[38] 우드베리 연방대법관(Justice Woodbury)의 견해는 "공적 사용"에 관한 협의의 견해로 평가될 수 있겠다.

이러한 "공적 사용"에 대한 연방대법원의 견해는 20세기 중반까지 이어졌다. 1923년에 있었던 Brown v. United States 판결[39]에서는 비록 이 사건 대상의 수용(taking)은 인정하였지만 다수 의견을 보면 "연방대법관들은 시의 민간 상업개발이나 시가 그러한 절차를 시작함으로써 얻을 수 있는 부수적 이익은 모두 수용절차를 정당화할 수 있는 공적 사용에 해당하지는 않는다."라고[40] 판시하여 "공적 사용"에 관한 협의의 견해를 지지하였다.

---

37) Ibid. 537, "[t]his the state cannot do. It would in effect be taking the property from A to convey B. …The public purpose for which the power s exerted must be real, not pretended."

38) Ibid. 545, "…the doctrine, that this right of eminent domain exists for every kind of public use, or for such a use when merely convenient, though not necessary, doer not seem to me by any means clearly maintainable … the public must be entitled to some type of direct use of the particular property that is taken … the court findings of public use are confined chiefly to bridges and roads, and incidents to war."

39) 263 U.S. 78 (1923).

40) Ibid. 84, "neither the development of the private commerce of the city nor the incidental profit which might ensure to the city of such a procedure could constitute

2) 20세기 중반 미국 연방헌법에서의 수용권

미국에서 연방의회의 공적 사용에 관한 결정들을 연방대법원이 존중하는 접근을 한 것은 Old Dominion Land Co. v. United States 판결[41]이다. 이 판결에서 문제가 된 수용절차가 시작되기 전에 연방의회에서 법률을 통과시켜서 문제의 군기지들을 주정부에서 수용하는 권한을 인정하였다. 연방대법원은 "연방의회의 결정은 이것이 불가능한 것과 연관되어 있는 것을 나타내는 경우가 아니면 존중되어야 한다."라고 하면서 문제의 건물에 대한 군사적 목적들은 공적 사용에 해당한다고 하였다.[42]

20세기 중반 이후부터 미국정부는 공적 시설들이 잘 갖추어져 있는 경우에도 수용권을 발동하기 시작하였고 이러한 현상은 오늘날까지 계속되고 있다고 할 수 있다. 특히 문제가 되는 것은 수용을 공적 목적이 아니라 사인을 위해 하는 경우이다. 오늘날에는 오히려 개인 주택이나 토지가 정부에 의해서 수용되어 보다 효율적인 토지이용을 추구할 목적으로 제3의 다른 사인에게 이전하는 것이 일반적 현상이 되었다.[43]

(1) Berman v. Parker 판결[44]

이 판결에서 문제가 된 것은 1945년 콜롬비아지구 재개발에 관한 법률이었다.[45] 이 법률에 의하여 정부는 일정 수준 이하의 주거지와 황폐지구를

---

a public use authorizing condemnation."

41) 269 U.S. 55 (1925).

42) Ibid. 66, "[Congress's] decision is entitled to deference until it is shown to involve an impossibility."

43) Steven E. Buckingham, The Kelo threshold : Private and public use reconsidered, 39 U. Rich. L. Rev. 1279, 1281 (2005).

44) 348 U.S. 26 (1954).

제거하기 위해서 재산을 수용할 수 있는 권한을 부여받았다. 이 법률에 의해 재개발행정청(the District of Columbia Redevelopment Agency)이 만들어지고 재개발행정청은 황폐한 지구를 재개발하기 위해서 수용권을 사용하여 재산을 획득할 수 있는 권한을 부여받았다. 관계행정기관들에 의해서 해당 지구에 대한 종합적이고 일반적인 토지이용계획이 수립되고 난 뒤에는 재개발행정청에 이 지역의 부동산을 취득할 수 있는 권한이 부여되었다. 즉 재개발행정청에게 취득부동산을 학교, 도로, 공공시설과 같은 공적 목적으로 토지를 이전할 수 있는 권한이 부여되었다. 그 뒤 잔여지는 재개발회사나 개인들에게 도시계획에서 정하고 있는 토지사용계획에 따라 토지를 사용하는 것을 전제로 매매되거나 임대될 수 있었다. 원고들은 재개발행정청이 법률에 따라 수용한 토지에서 백화점을 소유하고 있는 사람들이었다. 그들의 주장은 자신들의 토지는 합헌적으로 수용될 수 없다는 것이었다. 자신들의 토지는 주거용이 아니고 상업용이며 황폐한 주거지도 아니고, 재개발계획은 행정청이 아니라 민간기업에 의해서 이루어질 것이므로 사적 이용을 위한 재개발이지 공적 목적을 위한 재개발이라고 할 수 없기 때문이라는 것이다.[46)]

연방대법원은 이러한 원고들의 주장에 대해서 "일단 공적 목적의 문제가 결정되면 그 계획을 위해 어떤 특정 토지가 어느 정도 수용되어야 하는지와 전체 계획을 실행하기 위한 특정토지의 필요 등은 입법부의 판단에 따른다고 할 것이다."[47)]라고 하여 재개발행정청의 손을 들어 주었다. 이 판결의

---

45) the District of Columbia Redevelopment Act of 1945, Code Ann. §§5-701 to 5-719 (1951).

46) Patricia E. Salkin, Lora A. Lucero, Community redevelopment, public use, and eminent domain, 37 Urb. Law. 201, 205 (2005).

의의는 연방 차원에서 처음으로 공적 사용의 범위를 기존의 공적 시설들(public utilities) 확충의 범위를 넘어서 황폐화지역의 재개발사업 등이 포함된다는 것을 처음으로 확인한 판결이라고 할 수 있겠다.

(2) Hawaii Housing Authority v. Midkif 판결[48)]

하와이주 입법부에서는 1967년 토지개혁법[49)]을 제정하였다. 이는 하와이에서 전통적 소수 지주들에 의한 하와이 토지의 과점상태로 지가가 상승하고 공공의 안정성과 복리가 침해되는 상황들을 개선하기 위한 시도였다. 그 당시 하와이 입법부에 따르면 하와이의 전체 토지 중 49%는 연방정부나 주정부에서 소유하고 있는 반면에 나머지 47%의 토지는 오직 72명의 토지권 보유자들에 의해서 과점되고 있는 상태였다. 토지개혁법은 토지권 보유자들로부터 주거용 토지를 수용해서 거주하고 있는 임차인에게 배분할 수 있도록 수용권을 부여하였다.[50)] 연방대법원은 "수용권에 의해 수용된 재산이 사적인 수혜자들에게 첫 번째로 이전된다는 단순한 사실만으로는 그 수용이 오직 사적 목적만을 가진 수용이라고 선고할 수는 없다."[51)]라고 판시하여 해당 법률이 합헌이라고 하였다. 연방

---

47) 348 U.S. 26, 35-36 (1954) "once the question of the public purpose has been decided, the amount and character of land to be taken for the project and the need for a particular tract to complete the integrated plan rests in discretion of the legislative branch."

48) 467 U.S. 229 (1984).

49) the Land Reform Act of 1967, Haw. Rev. Stat. §§516-1 to 516-9 (2003).

50) Patricia E. Salkin, Lora A. Lucero, Community redevelopment, public use, and eminent domain, 37 Urb. Law. 201, 206-7 (2005).

51) "the mere fact that property taken outright by eminent domain is transferred in the first instance to private beneficiaries does not condemn that taking as having only a private purpose."467 U.S 229, 243-44 (1984).

대법원은 또한 이 법률에서 추구하는 공적 목적은 토지의 과점과 이러한 과점으로 초래되는 사회악을 일소하는 것으로서 이것이 주정부의 전형적인 규제권 행사에 해당한다고 보았다.[52] 연방대법원은 이 판결에서 'A에게서 박탈하여 B에게로 이전'이라는 이론체계를 버리고 그 사용이 합당한 공적목적들과 합리적으로 연관되어 있는 경우에는 충분히 공적인 것으로 판시하였다.[53]

이상에서 살펴본 바와 같이 20세기 중반 이후로 미국 연방대법원은 공적 사용을 보다 광범위하게 해석하여 왔다. 이상에서 언급한 Berman과 Midkiff 판결을 종합적으로 검토해 보면 수용권을 둘러싼 광의와 협의의 논쟁은 결국 광의로 보는 것으로 종식되었다고 하겠다.[54]

일부 학자들은 연방대법원의 이러한 경향을 분석하면서 재산권자가 어떤 강제수용이 공적 목적을 위한 것이 아니기 때문에 정당하지 못하다는 주장은 강한 저항에 직면하게 될 것이라고 평가하기도 한다.[55]

4. 소결

알려진 바에 따르면 미국에서는 Kelo v. City of New London 판결의 발단이 되었던 코네티컷주(the State of Connecticut)를 비롯한 7개의 주

52) 467 U.S. 229, 242 (1984).

53) John V. Orth, Due Process of Law A Brief History 92 (2003).

54) David A. Schultz, Property, Power, and American Democracy 61 (1992), 재인용 Michael J. Coughlin, Absolute Deference Leads To Unconstitutional Governance : The Need for a New Public Use Rule, 53 Cath. U. L. Rev. 1001, 1008 (2005).

55) Edward J. Sullivan & Nicholas Cropp, Sources of "Public Use" Limitations–Takings or Due Process?, 27 Zonning & Plan. L. Rep. 8 (2004).

들에서는 사적 사업개발을 위한 수용이 인정되지만, 일리노이주(the State of Illinois)를 비롯한 8개의 주들에서는 이러한 관행을 금지하고 있다.[56] 앞에서 소개한 판결로 연방대법원이 민간개발업자와 정부당국의 손을 들어준 이후, 그에 대한 비판이 거세지면서 여러 주에서 법률을 제·개정하거나 주헌법을 개정하여 개인의 재산권을 보다 보호하고 사적 사업개발을 위한 수용을 불허하는 법제화를 추진하고 있는 것으로 알려져 있다.

주지하는 바와 같이 우리 헌법 제23조 제3항에서 공용수용 등에 대해서 규정하고 있다.[57] 공용수용은 국민의 재산권을 그 의사에 반하여 강제적으로라도 취득하는 것으로 ① 공익적 필요가 있을 것, ② 법률에 의거할 것, ③ 정당한 보상을 지급할 것 등의 요건들을 모두 갖추어야 하는 것으로 해석된다.[58] 공익적 필요가 있을 것, 즉 공공필요는 수용의 정당화사유가 되는 것이다.[59] 헌법재판소도 공용수용의 정당화사유가 공익적 필요에 있다고 보고 있다. 수용의 목적이 공익적 필요에 있으므로 일단 공용수용의 요건을 갖추어서 수용되었다고 하더라도 그 후에 수용의 목적인 공공사업이 수행되지 아니하거나 또는 수용된 재산권이 당해 공공사업에 필요없게 되었다고 한다면, 수용의 헌법상 정당성과 공공필요에 의한 재산권취득의 근거가 장래를 향하여 소멸한다고 보아야 한다.[60]

---

56) http://www.castlecoalition.org/report (2005년 8월 31일 마지막 방문).

57) 헌법 제23조 ③ 공공필요에 의한 재산권의 수용·사용 또는 제한 및 그에 대한 보상은 법률로써 하되, 정당한 보상을 지급하여야 한다.

58) 권영성, 헌법학원론(2002, 법문사) 522면.

59) 박균성, 행정법강의(2004, 박영사) 526면.

60) 헌재 1998. 12. 24. 97 헌마 87 등(병합).

공공필요라는 개념을 어떻게 볼 것인가가 결국 문제되는데, 오늘날에는 소위 "사인을 위한 수용"이 인정됨에 따라 이것이 상당히 넓은 개념으로 인정되고 국가안전보장, 질서유지, 공공복리와 함께 국가 또는 지역경제상의 이익도 포함하는 것으로 본다고 한다.[61]

미국 연방대법원의 2005년 Kelo v. City of New London 판결[62]은 앞에서 언급한 바와 같이 민간인에 의한 도시재개발 사업도 "공적 사용"에 해당한다고 봄으로써 소위 '사인을 위한 수용'이 미국에서도 인정됨을 확인해 주었을 뿐만 아니라 무엇이 공익에 해당하는 것인가에 대한 주의회의 판단을 연방대법원은 존중해 주어야 한다고 판시함으로써, 미국의 연방주의(Federalism)를 또 다시 확인해 준 판결이라고 할 수 있을 것이다.

제4절 미국에서의 규제적 수용의 법리

1. 경제적 적법절차(Economic Due Process)

미국에서는 20세기의 시작을 전후해서 행정규제위원회(Administrative agencies)나 독립규제위원회(independent regulatory agency)가 발달하기 시작하여, 1930년대의 대공황시대에 대응하기 위한 뉴딜 정책의 수행을 위해 더욱 발전하였으며, 또한 1960년대와 1970년대에도 각종 사회병폐에 대응하기 위하여 많은 위원회들이 등장하였다. 이러한 수많은 규제위원회들

61) 박균성, 행정법강의(2004, 박영사) 526면.

62) 545 U.S. 469 (2005).

에 의한 확대된 규제권의 행사는 미국민의 일상생활에까지 깊숙이 영향을 미친다고 할 수 있을 것이다.

이러한 정부의 규제권의 행사가 국민의 재산권에 영향을 미치는 경우에 적용될 수 있는 미국헌법상의 규정으로는 연방수정헌법 제5조와 연방수정헌법 제14조에서 규정하고 있는 적법절차의 원리와 연방수정헌법 제5조의 정당보상조항이 있다.[63] 계약을 체결하거나 이행을 강제하고 거래나 직업에 종사하고 재산을 획득하거나 소유하거나 이전할 수 있는 헌법상 권리들을 경제적 자유라고 할 수 있을 것이다. 이러한 경제적 자유에 대한 정부의 규제는 적법절차의 원리(the due process)에 근거해서 사법부의 통제대상이 된다 할 것이다. 이견이 없는 것은 아니지만 미국 연방헌법을 제정하게 된 주요 동기 중의 하나가 財産과 富를 보호하기 위한 것이라고 하겠다.[64]

1905년 미국 연방대법원은 Lochner v. New York 판결[65]에서 제과업자들의 최대근로시간을 제한하는 뉴욕의 주법이 계약의 자유를 침해하면서 계약의 자유를 간섭하지만 유효한 규제의 목적을 달성하지 못하기 때문에 연방수정헌법 제14조의 적법절차의 원리에 벗어나 위헌이라고 하였다. 이때부터 1937년까지를 일명 미국헌정사에서 Lochner 시대라 하기도 한다. 이 시대에 연방대법원은 많은 연방의회나 주의회의 경제입법을 위헌으로 판결하였는데 이것은 자유방임주의 시대로부터 비롯된 경제나 산업을 정부의 규제들로부터 보호해야 한다는 철학적 기반을 둔 것이라고 할 수 있다.[66]

---

63) U.S. Con Amend. Ⅴ "…nor be deprived of life, liberty, or property, without due process of law ; nor shall property be taken for public use, without just compensation." Amend. ⅩⅣ Sec. 1. "…nor shall any state deprive any person of life, liberty, or property, without due process of law…."

64) Erwin Chemerinsky, Constitutional Law Principles and Policies, 582 (2002).

65) 198 U.S. 45 (1905).

20세기 초기에는 재산권과, 특히 계약의 자유와 관련하여 경제적 적법절차의 원리(the doctrine of economic due process)를 적용해서 연방대법원은 많은 경제규제입법을 위헌 선언하였다. 경제적 적법절차의 원리는 연방대법원에 의해 많이 원용되었고 사법심사의 중점을 경제규제입법의 입법목적에 두고 있었다. 또 계약의 자유를 지나치게 확대 해석해서 연방의회의 사회악에 대한 대체입법도 위헌으로 판단하는 경우가 종종 있었다.[67] 불평등을 해소하기 위한 입법마저 위헌으로 선언하고 재산의 불공평은 의회의 입법권에서 벗어난 경제체계의 적법한 산물이라고 선언하기도 하였다.[68] 이러한 연방대법원의 경제적 적법절차의 적용에 대해 Holmes 대법관은 Lochner v. New York 판결에서 "연방헌법은 보호주의나 자유방임주의 등과 같은 어떤 특정의 경제이론을 채택하고 있는 것이 아니다."라는 반대견해를 나타냈다.[69]

특히 경제대공황에 대응하기 위한 연방정부의 경제규제법률이 미국 연방대법원의 경제적 적법절차의 원리에 따른 위헌 판결로 계속 이어지자, 1937년 루즈벨트(Roosevelt) 대통령은 연방대법원의 대법관의 수를 늘여 연방대법원을 개혁하려는 이른바 연방대법원 개혁안(the Courtpacking plan)을 제시하게 되었다. 비록 이 개혁안이 실현되지는 않았지만 루즈벨트(Roosevelt) 대통령의 주도하에 Lochner 판결에서 보여주는 것과 같은 경제적 적법절차의 원리를 적극적으로 적용하는 연방대법원의 판결태도에 대한 강한 불만을

66) Erwin Chemerinsky, Constitutional Law Principles and Policies, 583, 590 (2002).

67) Gerald Gunther, Foreword : In search of evolving doctrine of a changing court : A Model for newer equal protection, 86 Herv. L. Rev. 1, 42 (1972).

68) Coppage v. Kansas, 236 U.S. 1, 14-17 (1915).

69) 298 U.S. 45, 75 (1905) "a constitution is not intended to embody a particular economic theory, whether of paternalism … or of laissez faire."

반영한 것이라고 할 수 있을 것이다. 이것은 1937년 이후의 미국 연방대법원 판결들에서도 잘 나타난다.[70)]

1937년 이후 미국 연방대법원은 경제적 적법절차에 근거하여 단 하나의 경제규제입법도 위헌판결하지 않았다. 연방대법원은 연방수정헌법 제5조와 제14조에서 보장하고 있는 자유권과 재산권에서는 경제적 권리들이 포함되어 있다는 견해를 명시적으로 부정하지는 않았지만, 경제규제입법에 대한 연방대법원의 사법심사는 매우 완화되어 대부분의 법률은 합헌으로 결정되었다.[71)]

2. 규제적 수용이론의 형성

미국에서 재산권에 대한 규제권 행사에 대해 연방수정헌법 제5조와 제14조의 적법절차의 원리를 근거로 연방대법원에서 위헌판결을 한 경우는 1937년 이후 오늘날까지도 찾아보기 힘들지만, 연방수정헌법 제5조의 정당보상조항을 근거로 연방대법원에서 정부의 지나친 규제권 행사를 위헌으로 판결한 사례를 1922년에 처음으로 찾아볼 수 있으며, 1970년대 말 이후에는 그 사례가 더욱 많아졌다.[72)]

미국에서의 규제적 수용이란 행정청의 一般規制權(the police power)에 근거한 공적 규제가 과도하게 사인의 재산권을 침해할 경우 재산권자는

70) Neal Devins, Government Lawyers And The New Deal, 96 Colum. L. Rev. 237, 238 (1996).

71) Phillips, Another Look at Economic Substantive Due Process, 1987 Wis. L. Rev. 265, 282 (1987).

72) Erwin Chemerinsky, Constitutional Law Principles and Policies, 583 (2002).

수용의 법리에 따른 보상을 요구할 수 있는 것으로 정의할 수 있다. 이러한 규제적 수용이라는 개념이 미국에서 형성된 역사적 배경을 간략히 살펴보면 다음과 같다. 원래 주정부(States)의 일반규제권에 근거한 법률(Statutes)이나 규정(regulations)은 역사적으로는 미국 연방수정헌법 제5조의 정당보상조항이 적용되는 수용(takings)에 해당하는 것이 아니었다. 연방대법원은 주정부가 철도의 재산권을 제한하는 법률을 제정하는 경우에도 해당 법률은 유효하다고 판결했다.[73] 연방대법원은 캔자스주가 양조장의 운영을 금지하는 법률을 제정한 경우에도 해당 법률은 적법·유효하다고 판결했다.[74]

미국에서는 19세기나 20세기 초에 이미 정부규제가 부당하고 위헌적으로 재산권자의 권리에 손해를 준다는 주장들이 널리 펴져 있었지만, 연방법원은 재산권자들의 주장을 받아들이지 않고 토지의 이용관계에 있어 중요한 정부의 간섭을 지지하는 공익보호 우선의 태도를 견지하였다.[75] 즉 1922년 이전에는 정부가 개인의 재산을 영구적으로 물리적 점유하거나 침해하는 경우(a permanent physical occupation or invasion)에 정부가 개인에게 정당보상을 해야 하는 것으로 보았다.[76]

1922년 연방대법원은 Pennsylvania Coal Co. v. Mahon 판결을 하였는데 이 판결에서 홈즈(Holmes) 대법관이 규제적 수용이라는 개념을 고안하였다. 이 판결은 펜실베니아 州法이 광산회사에게 지표면을 지지하기 위해서

73) Chi., Burlington & Quincy R.R. Co. v. City of Chicago 166 U.S. 226, 252-54 (1897).

74) Mugler v. Kansas 123 U.S. 623, 657-70 (1887).

75) 김형성, "환경보호를 위한 토지이용규제와 손실보상", 미국헌법연구 제9호 1998, 143면.

76) Dan Herber, Surviving the View through the Lochner Looking Glass : Tahoe-Sierra and the Case for Upholding Development Moratoria, 86 Minn. L. Rev. 913, 921 (2002).

광산회사가 소유한 석탄의 일부분을 지하에 둘 것을 요구한 데 대한 것이었다. 홈즈 대법관은 "이 규정은 광산의 석탄에 대해 상업적인 실행을 할 수 없게 만들었고 이것은 헌법적 견지에서 보면 석탄을 지하에 약적하거나 파괴하는 것과 거의 동일한 효과를 가지는 것이다."[77]라고 하고 "재산은 어느 정도는 규제되는 것이지만 만약 그 규제가 '너무 과도하게(too far)' 되면 이것은 수용으로 보아야 한다."[78]라고 하였다.

홈즈 대법관은 먼저 국가는 상당한 정도의 보상 없이 사인의 재산적 가치를 감소시킬 수 없다는 사실을 인식했다. 사적 재산이 완전히 박탈되지 않은 이상 국가가 공익을 위해 어느 정도까지는 보상 없이 재산권의 사용을 제한하는 것이 자연적 경향(Natural tendency)이라는 인식이 있었다. 하지만 사적 재산이 완전히 박탈되면 보상을 요한다고 하여, 이것은 결국 정도의 문제로 귀결된다고 할 것이다.[79]

법률이나 규정들이 너무 과도하게 재산권을 침해해 토지권보유자의 재산사용권을 완전히 박탈하는 경우에는, 토지권보유자의 입장에서 보면 물리적 수용(the physical takings)과 같은 효과가 발생하는 것이므로 이 경우를 규제적 수용(regulatory takings)이라고 한다.

그 후 미국 연방대법원은 규제적 수용 이론을 1978년 Penn Central

---

77) Pennsylvania Coal Co. v. Mahon, 260 U.S. 393. 414 (1922) "To make it commercially impracticable to mine certain coal has very nearly the same effect for constitutional purposes as appropriating or destroying it. This we think that we are warranted in assuming that the statute does."

78) Ibid. 415. "The general rule at least is that while property may be regulated to a certain extent, if regulation goes too far it will be recognized as a taking."

79) 김민호, "미국 연방헌법 수정 제5조와 제14조의 현대적 의미", 미국헌법연구 제10호 1999, 311면.

Transportation Co. v. New York 판결,[80] 1987년의 Nollan v. California Coastal Commission 판결,[81] 1992년의 Lucas v. South Carolina Coastal Council 판결,[82] 1994년의 Dolan v. City of Tigard 판결[83] 등을 통하여 발전시켜 왔다.

3. 구체적 사례

1978년 Penn Central Transportation Co. v. New York 판결[84]에서는 규제적 수용을 인정하기 위해 일반적인 적용공식을 만드는 것이 어렵다는 것을 인정하면서도 특별한 의미가 있는 세 가지 고려사항들을 지적하였다. 첫째, 관련 정부규제행위의 특징이다. 재산에 대한 정부규제의 성격을 고려해야 한다는 것인데, 정부규제의 성격이 재산에 대한 물리적 침해를 가져오는 것이면 공익을 증진하기 위해 경제생활의 혜택이나 부담을 조정하는 정부의 간섭행위보다는 훨씬 수용에 해당할 가능성이 높다는 것이다. 정부의 행위가 정당한 규제권의 행사로서 실체적 공적 목적을 실행하기 위해서 상당하게 필요한 규정의 경우 수용에 해당하지 않는다.[85] 둘째, 합리적 투자에 근거한 기대에 정부규제행위가 미치는 영향의 정도이다. 정부의 규제행위가 "합리적 투자에 근거한 기대(reasonable investment-backed expectation)"에 어떠한 영향을

80) 438 U.S. 104 (1978).
81) 483 U.S. 825 (1987).
82) 505 U.S. 1003 (1992).
83) 512 U.S. 374 (1994).
84) 438 U.S. 104 (1978).
85) Ibid. 124.

미치고 있는가 하는 것이다. 여기에서 반드시 고려해야 할 것은 규제가 시행되기 이전의 재산에 대한 재산권자의 사용이나 기대되는 이익이다. Penn Central 판결에서는 토지권보유자가 문제의 토지에 관해 기차역으로 사용하는 것이 주요한 기대였기 때문에 기차역을 역사적 유물로 보존할 것을 규정한 법률은 토지권보유자의 합리적 투자에 근거한 기대를 침해하는 것은 아니라고 판단하였다.[86] 셋째, 재산의 가치에 미치는 규제의 심각성이 어느 정도이며 재산권자에게 상당한 경제적 이용가능성이 남아 있는가 하는 것이다. 규제적 수용의 분석은 정부의 규제행위가 토지의 일부분만이 아닌 전체적으로 어떠한 영향을 미치는 것인가를 분석하는 것으로 재산권 가격의 하락만으로 당연히 수용에 해당한다고 보기는 불충분하다.[87]

4. 그 후의 규제적 수용이론의 발달

미국의 규제적 수용에 대해서는 많은 학자들이 다양한 견해들을 피력하고 있는데, 그 중 하나를 소개하면 규제적 수용에 세 가지 기준들이 적용된다는 것이다. 여기에는 이른바 법률적 기준(The Statutory Standard), 형량 기준(The Balancing Standard), 유형적 기준(The Categorical Standard) 등이 있다.

1) 법률적 기준(The Statutory Standard)

이 기준은 비교적 간단한 것으로 "해당 법률이나 규정이 적법한 정부의

86) Ibid. 136.

87) Ibid. 131.

규제권 행사에 해당하는가?" 하는 것이다. 1987년의 Nollan v. California Coastal Commision 판결에서 세워진 기준을 보면 해당 규정은 반드시 성취하고자 하는 정부의 적법한 이익을 향상시키는 것이어야 한다고 판시하였다.[88] 여기에서 해당 법률이나 규정과 정부규제의 목적 사이의 연관관계(nexus test)가 있어야 한다는 것이 확립되었다.[89]

이 기준에 의해 대체로 州議會의 입법목적을 많이 존중하여 어떤 사항을 입법목적으로 규정하면 되는 것으로 보았지만 그러한 존중은 차차 희석되었다. 1992년의 Lucas v. South Carolina Coastal Council 판결에서는 전통적인 州議會의 입법목적의 존중에서 벗어나, South Carolina 州政府는 이 사건에서 승소하기 위해서는 단순히 입법목적을 제시하는 것만으로는 충분하지 않고 원고가 원하는 토지의 사용이 공익(the public interest)과 맞지 않거나 보통법에 확립된 원리(a common-law maxim)를 위반했음을 주장해야 한다고 하였다.[90] 1994년의 Dolan v. City of Tigard 판결에서는 만약 토지사용규제(land use regulation)가 적법한 이익을 향상시키고 토지권보유자의 경제적으로 유용한 토지 사용을 부정하지 않는다면 그것은 수용(taking)에 해당하지 않는다고 판시하였다.[91]

---

88) Nollan v. California Coastal Commision, 483 U.S. 825, 834 (1987)
The regulation "must substantially advance the legitimate state interest sought to be achieved."

89) Ibid. 837.

90) Lucas v. South Carolina Coastal Council, 505 U.S. 1003, 1031 (1992).
"South Carolina must do more than proffer the legislature's declaration that the uses Lucas desires are inconsistent with the public interest, or the conclusory assertion that they violate a common-law maxim."

91) Dolan v. City of Tigard, 512 U.S. 374, 385 (1994).

2) 형량 기준(The Balancing Standard)

이 형량기준은 본질적 공평성(essential fairness)을 판단하기 위해 해당 사건의 모든 사항들을 고려하는 개별적 시도(ad hoc attempt)이다. 이것은 1922년 규제적 수용을 처음으로 인정한 Pennsylvania Coal Co. Mahon 판결에서 채택하였던 기본적 기준이다. 이 기준은 "일반법에 의하면 재산권은 어느 정도 제한될 수도 있는 것이지만 만약 그 규정이 너무 과도하면 이것은 공용수용(takings)으로 인식된다."[92]라는 것이다. 여기에서 너무 과도한가를 판단하기 위해 많은 사항들이 고려되어야 하며 이들은 다양한 판례들을 통하여 확인되었다. 몇몇 예를 들면 다음과 같다. ① 정부행위의 성격(the character of the government action), ② 토지소유자에 대한 규정의 영향(the impact of the regulation on the landowner), ③ 투자를 수반한 기대에 대한 간섭(interference with investment-backed expectation), ④ 뉴센스 예외(the nuisance exception), ⑤ 규제의 위협이 토지의 판매가에 미친 정도(capitalization of the threat of a regulation in to the sale price of the land), ⑥ 본질적 관계의 존재(existence of essential nexus), ⑦ 규정이 해당 토지소유자에게만 적용되는 것인지(whether the regulation singles out the landowner) 등이다. 이 고려사항들 중에서 중요한 것은 첫째, 정부행위의 성격(the character of the government action)과 토지소유자에 대한 규정의 영향(the impact of the regulation on the landowner)을 잘 고려하여 규제의 대상이 되는 사람들이 규제에 의해 혜택(benefits)이나 이득(advantage)

---

92) Pennsylvania Coal Co. v. Mahon, 260 U.S. 393, 415 (1922).
"[t]he general rule at least is, that while property may be regulated to a certain extent, if regulation goes too far, it will be recognized as a taking."

을 보는 것이 아닌가 하는 이익의 상호성(reciprocity of advantage)을 고려하는 것이고[93] 둘째, 규정(regulation)이 토지소유자의 투자가 밑받침된 기대들(property owner's distinct investment-backed expectations)에 미치는 영향의 정도[94] 등이다.

3) 유형적 기준(The Categorical Standard)

유형적 기준은 미국 연방대법원이 당연히 규제적 수용에 해당한다고 판단한 경우를 가리키는 것이다. 여기에는 두 가지 유형이 있다. (1) 규정(regulation)이 토지소유자가 그의 토지에 물리적 침해(physical invasion)를 감당하도록 하는 경우이다. 대표적인 판례는 1982년의 Loretto v. Teleprompter Manhattan CATV Corp.이다. 이 판결은 법규에 의한 점유권 침해의 범위가 비록 불과 몇 인치(inch)에 불과한 것이라도 수용(takings)에 해당한다고 한 것이다.[95] (2) 규정(regulation)이 토지의 모든 경제적으로 유익하고 생산적인 이용을 부정하는 경우이다. 1992년 스칼리아(Scalia) 대법관은 Lucas v. South Carolina Coastal Council 판결에서 원고가 해변토지를 구입한 후 South Carolina州가 법률로 해변토지에 대한 사용규제를 한 것에 대하여 원고의 해당 토지에 대한 모든 경제적으로 유익한 이용(all economically beneficial use)을 부정하는 경우로 수용(takings)에 해당한다고 하였다.[96]

연방대법원이 이러한 규제적 수용사건에서의 고려사항에 대해서 명백히

93) Pennsylvania Coal Co. v. Mahon, 260 U.S. 393, 415 (1922).

94) Penn Cent. Transp. Co. v. City of New York, 438 U.S. 104, 127 (1978).

95) Loretto v. Teleprompter Manhattan CATV Corp., 458 U.S. 419 (1982)

96) Lucas v. South Carolina Coastal Council, 505 U.S. 1003, 1015 (1992).

하고 있음에도 불구하고 규제적 수용에 관련한 판례법은 "학설상 그리고 개념상의 혼란상태(doctrinal and conceptual disarray)"라고 말할 수 있을 정도로 불명확한 학설과 개념으로 혼란을 겪고 있다고 할 수 있다.[97]

제5절 규제적 수용에 대한 법적 구제수단

규제적 수용의 권리구제수단을 살펴보면 규제적 수용이 인정되는 경우에도 이에 대한 구제수단은 처음에는 규제적 수용에 해당하는 법령이나 조례의 무효를 구하는 방법만이 인정되었으며 직접 금전적 손실보상을 청구하는 것은 인정되지 않았다.[98]

그러나 규제적 수용에 해당한다면 그 권리구제수단은 당연히 직접 물리적 수용과 같이 공정한 시장가격에 의한 금전적 보상이어야 한다는 견해가 제기되었고, 1987년 First English Evangelical Lutheran Church v. Los Angeles County 판결[99]에서 미국 연방대법원은 규제적 수용에 대한 구제수단으로 금전적 손실보상을 직접 청구할 수 있는 권리를 인정하였다.[100]

현재 손실보상에서는 직접 물리적 수용이나 규제적 수용이 다 같이 손실보상을 해 주는 것으로 되었다. 수용에 대한 권리구제는 정당보상(Just Compensation)이 되어야 한다고 미국 연방헌법에서는 명시하고 있다.[101]

---

97) Andrea L. Peterson, The Takings Clause : In Search of Underlying Principle of Part Ⅰ－A Critique of Current Takings Clause Doctrine, 77 Cal. L. Rev. 1299, 1304 (1989).

98) San Diego Gas & Electric Co. v. City of San Diego, 450 U.S. 621 (1981).

99) 482 U.S. 304 (1987).

100) 박윤흔, "미국에 있어서의 손실보상평가의 기준", 미국헌법연구 제4호 1993, 105면.

미국 연방대법원은 1947년 Adamson v. California에서 개인의 재산이 공적 목적을 위해 수용될 경우 정당보상을 받을 권리는 연방헌법의 권리장전에 의해서 보호되는 기본권(fundamental rights)에 해당한다고 인정하였다.[102] 연방수정헌법 제5조는 정당보상 없이는 정부가 형평과 정의에 근거하여 국민이 전체적으로 부담하여야 하는 공적 부담들을 몇몇 사람들이나 개인들에게 부담지우는 것을 금지하는 것이라고 보았다. 미국에서도 정당보상의 근거는 우리나라와 마찬가지로 정의와 형평에 근거를 두고 있다고 할 수 있을 것이다.[103]

州法院의 판결을 살펴보면, 수용되는 토지의 가치에 대한 보상을 받을 권리는 개인적인 권리로서, 수용될 당시의 토지권자에 귀속되는 것이라고 판시하고 있다.[104] 개별 주의 법률이 헌법으로 보호되는 권리를 침해하는 경우에 법원은 강화된 평등권조항에 의해서 해당 법률을 심사해야 한다고 연방대법원은 판시하였다.[105] 정당보상을 받을 권리는 기본권으로서 이것을

101) U.S. Const. amend V. "[N]or shall private property be taken for public use, without just compensation…."

102) 332 U.S. 46, 84-85 (1947) "[T]his Court has now held that the Fourteenth Amendment protects from state invasion the following fundamental rights safeguarded by the Bill of Rights … the right to receive just compensation on account of taking private property for public use."

103) Armstrong v. United States, 364 U.S. 40, 49 (1960) "The Fifth Amendment's guarantee that private property shall not be taken for a public use without just compensation was designed to bar Government from forcing some people alone to bear public burdens which, in all fairness and justice, should be borne by the public as a whole."

104) Dep't of Transp. v. First Interstate Commercial Mortg. Co., 881 P.2d 473, 475 (Colo. App. 1994) "The general rule … is that the right to compensation for the value of land taken is a personal right which belongs to the owner at the time of the taking."

105) Attorney Gen. of New York v. Soto-Lopez, 476 U.S. 898, 904 (1986) "Whenever

침해하는 연방법률과 주정부 법률은 연방대법원의 엄격심사(strict scrutiny)를 받게 될 것이다.

정당보상을 확정하는 권한은 사법부의 기능이며 입법부나 행정부에서 어떤 보상이 주어져야 한다는 것을 규정하는 구속적 법령을 제정할 수 없다고 연방대법원은 판시하였고[106] 정당보상은 헌법에 의해서 규정된 것이기 때문에 이러한 권한은 법률에 의해서는 박탈될 수 없는 권리에 해당한다고 보았다.[107]

정당보상(Just Compensation)이라는 것이 과연 무엇을 의미하는가에 대해서는 논란이 있을 수 있다. 미국 연방대법원은 "수용된 재산의 완전한 금전적 등가"를 의미하고 이것은 "재산권보유자를 만약 그의 재산이 수용되지 않았으면 보유하고 있을 금전적 상황과 같은 위치에 놓이게 하는 것"을 의미한다는 것으로 판시하고 있다.[108] 州法院에서도 "정당보상이란 수용된 재산의 소유자에게 완전한 보상을 의미하는 것이다. 다른 말로 하면 재산권을 수용당하기 전에 있었던 것과 같은 지위에 가능하면 가깝도록 놓이게 하는 것"이라고 판시하고 있다.[109]

---

a state law infringes a constitutionally protected right, [the courts] undertake intensified equal protection scrutiny of that law."

106) United States v. New River Collieries Co., 262 U.S. 341, 344 (1923).

107) Seaboard Air Line Ry. Co. v. United States, 261 U.S. 299, 304 (1923).

108) United States v. Reynolds, 397 U.S. 14, 16 (1970) "'[J]ust compensation' means the full monetary equivalent of the property taken."

109) State v. Doyle, 735 P.2d 733, 736 (Alaska 1987) "The term just compensation implies full indemnification to the owner for the property taken. In other words the property owner should be placed as fully as possible in the same position as he was in prior to the taking of his property."

제6절 소결

앞에서 본 바와 같이, 약 200년 전 독립된 국가로서의 기능을 막 시작한 1800년 전후의 미국은 지금의 고도 산업화된 사회와는 현격한 차이가 있는 농업과 가내공업 중심 사회였다. 사회 자체도 강력하고 방대한 중앙집중식 행정권을 필요로 하지도 않았으며 제한된 권력만을 지닌 소규모의 연방정부로도 충분히 그 기능을 다할 것으로 여겨져 삼권분립의 원칙(separation of power)을 충실히 연방헌법에 받아들였다. 이렇게 독재에 대한 방어수단으로 받아들인 삼권분립의 원칙에 따른 통치기구[110]는, 19세기 말 이후 공업화의 진전에 따른 미국 사회의 구조변화에 능동적으로 대처해야 할 필요성으로 말미암아 연방정부 차원의 규제위원회들을 만들고 연방규제권도 점점 확대하였다. 1887년 주간무역위원회(Interstate Commerce Commission)가 연방행정위원회로 처음 만들어진 이래로 행정입법권, 재결권, 집행권을 모두 가진 중립적이지만 강력한 정부기구가 탄생하였고 이를 통한 미국 경제에 대한 연방정부의 규제는 점점 강화되었다. 이러한 경향은 1930년 대공황시기에 여러 행정위원회나 독립규제위원회가 설립되면서 더욱 강화되었다고 할 수 있다. 강화된 정부의 규제권은 공용수용권의 확대 경향에서도 잘 나타난다. 미국 연방헌법은 "공적 사용(public use)"을 목적으로 하는

110) UNITED STATES v. BROWN, 381 U.S. 437, 443 (1965)
이 판결에서는 James Madison이 쓴 "입법권, 행정권, 사법권을 축적해서 한 사람이나 몇몇 사람의 손에 놓이게 하는 것은 그 자체가 바로 독재를 선언하는 것"이라는 구절을 인용하여 더욱 유명하다 하겠다 … James Madison wrote: "The accumulation of all powers, legislative, executive, and judiciary, in the same hands, whether of one, a few, or many, and whether hereditary, self-appointed, or elective, may justly be pronounced the very definition of tyranny."

공용수용을 규정하고 있는데, “사적 사용(private use)”을 위한 강제수용은 인정되지 않고 국민의 재산권을 보호하기 위해서 교량, 도로, 군사용 시설 등 일반 국민 다수가 수용된 재산을 어떤 형태로든 직접 사용할 수 있어야 한다고 보았다.[111)]

이러한 전통적 견해는 공공시설의 확충과는 무관한 황폐지구(blight district)에 재개발을 위한 공용수용을 공적 사용이라 인정한 1954년의 Berman v. Parker 판결[112)]에서 보는 바와 같이 1950년대 중반 이후 점차 확대되어 왔다. 1984년 Hawaii Housing Authority v. Midkif 판결[113)]에서는 토지이용과 직접적인 연관이 없는 토지에 대한 소수자들에 의한 과점이라는 사회악을 해소하기 위해, 토지의 수용도 공적 사용에 해당한다고 보고 사회악을 제거하기 위한 공용수용도 인정하였다. 2005년 Kelo v. City of New London 판결[114)]에서는 민간기업을 위한 도시재개발사업도 공적 사용에 해당한다고 판결하여 이른바 사인을 위한 수용도 인정하였다.

이러한 정부규제권의 확대에 맞서 국민의 재산권을 보호하기 위해 연방대법원에서 고안한 이론이 이른바 규제적 수용이다. 1922년 Pennsylvania Coal Co. v. Mahon 판결[115)]에서 홈즈 대법관은 재산권은 어느 정도 규제되는 것이지만 그 규제가 너무 과도(“too far”)하면 수용으로 보아야 한다고 판결하였다. 규제적 수용이론은 이후에도 많은 이론을 통하여 발전되어

---

111) West River Bridge Co. v. Dix, 47 U.S. (6 How.) 507 (1848).

112) 348 U.S. 26 (1954). 이 판결에서는 재개발은 결국 사기업에 의해 진행됨으로써 사인에 의한 수용이라는 주장도 받아들여지지 않았다.

113) 467 U.S. 229 (1984).

114) 545 U.S. 469 (2005).

115) 260 U.S. 393. 414 (1922).

왔다. 1978년 Penn Central Transportation Co. v. New York 판결[116]에서는, 규제적 수용을 인정하기 위해서는 ① 관련정부규제행위의 특징, ② 합리적 투자에 근거한 기대를 정부규제행위가 미치는 영향의 정도, ③ 재산의 가치에 미치는 규제의 심각성과 재산권자에게 상당한 경제적 이용가능성 등을 고려해야 한다는 것을 명시하였다. 1987년의 Nollan v. California Coastal Commission 판결[117]에서 세워진 기준에 의하면 해당 규정은 반드시 성취하고자 하는 정부의 적법한 이익을 향상시키는 것이어야 한다. 여기에서 해당 법률이나 규정과 정부규제의 목적 사이에 연관관계(nexus test)가 있어야 한다는 것이 확립되었다.[118] 이 원칙에 따르면 대체로 州議會의 입법목적을 많이 존중하여 어떤 사항을 입법목적으로 규정하면 되는 것으로 보았지만 차차 그러한 존중이 희석되었다. 그리하여 1992년의 Lucas v. South Carolina Coastal Council 판결[119]에서 South Carolina 州政府는 전통적인 州議會의 입법목적의 존중에서 벗어나, 이 사건에서 승소하기 위해서는 단순히 입법목적만을 제시하는 것만으로는 충분하지 않으며 재산권자의 토지 사용이 공익(the public interest)에 합당하지 않거나 보통법에 확립된 원리(a common-law maxim)를 위반했다는 것을 입증해야 한다고 하였다. 1994년의 Dolan v. City of Tigard 판결[120]에서는 만약 토지사용규

---

116) 438 U.S. 104 (1978).

117) Nollan v. California Coastal Commision, 483 U.S. 825, 834 (1987)
The regulation "must substantially advance the legitimate state interest sought to be achieved."

118) Ibid. 837.

119) Lucas v. South Carolina Coastal Council, 505 U.S. 1003, 1031 (1992).
"South Carolina must do more than proffer the legislature's declaration that the uses Lucas desires are inconsistent with the public interest, or the conclusory assertion that they violate a common-law maxim."

제(land use regulation)가 적법한 이익을 향상시키고 토지권보유자의 경제적으로 유용한 토지 사용을 부정하지 않는다면 그것은 수용(taking)에 해당하지 않는다고 판시하였다. 이상과 같이 연방대법원이 규제적 수용에 관련한 여러 가지 고려사항에 대해 견해들을 발전시켜 오고 있지만 여전히 규제적 수용에 관련한 판례법은 "학설상 그리고 개념상 혼란상태(doctrinal and conceptual disarray)"로서 불명확한 학설과 개념으로 혼란을 겪고 있다고 할 수 있다.[121)]

규제적 수용에 해당할 경우 그 권리구제수단으로는 1987년 First English Evangelical Lutheran Church v. Los Angeles County 판결[122)]에서 미국 연방대법원이 규제적 수용에 대한 구제수단으로 금전적 손실보상을 직접 청구할 수 있는 권리를 인정하였다.[123)] 이러한 금전보상청구권은 연방헌법에 의해 보장되는 기본권의 하나로서 만약 이를 침해하는 연방법률과 주정부 법률이 있다면 연방대법원의 엄격심사(strict scrutiny)를 받게 될 것이다.

---

120) Dolan v. City of Tigard, 512 U.S. 374, 385 (1994).

121) Andrea L. Peterson, The Takings Clause: In Search of Underlying Principle of Part Ⅰ--A Critique of Current Takings Clause Doctrine, 77 Cal. L. Rev. 1299, 1304 (1989).

122) 482 U.S. 304 (1987).

123) 박윤흔, "미국에 있어서의 손실보상평가의 기준", 미국헌법연구 제4호 1993, 105면.

제4장

규제적 수용의 사법심사청구 방법

제1절 개관

일반적인 정부의 토지에 대한 수용권에 대해 미국은 연방수정헌법 제5조에서 "누구도 사적 재산권을 정당한 보상(just compensation) 없이 공적 사용을 목적으로 수용하지 못한다."[1]라고 규정하여 국가가 개인의 재산권을 공적인 사용을 위하여 수용할 때는 정당한 보상을 하여야 한다는 보상에 관한 근거를 명시적으로 규정하고 있다. 즉 국가나 공공단체가 공적인 목적을 위해서 개인의 재산권을 수용할 수 있는 수용권은 헌법상 명문으로 인정하고 있지 않다. 하지만 수용권은 국가의 존립을 위해서 반드시 필요한 것이며 미국헌법 제정자들(the Framers)이 이를 묵시적으로 받아들이고 있다고 보기도 한다.[2] 연방 헌법상 收用條項의 目的은 정부가 전체국민에 의해서 부담해야 할 負擔을 個人에게 强要하는 것을 防止하여 국민의 재산권을 보호하기 위한 것이라고 할 것이다.[3]

절차적 소송의 측면에서 살펴보면 직접·물리적 수용의 경우에는 정부가 국민의 재산권을 수용한다는 사실을 명백히 하면서 공식적으로 수용권(the eminent domain)을 발동하여 재산권의 보유자에 대하여 원고로서 수용절차를 제기한다 할 수 있을 것이다. 정부가 개인의 토지 위에 고속도로를 건설하는 경우가 그 예에 속할 것이다. 이 경우 중요한 문제는 정부가 "정당한 보상(just compensation)"으로 얼마만큼 지불해야 하는가이다. 지난

1) the 5th Amendment : "…Nor shall private property be taken for public use, without just compensation."

2) 졸고, 임시적 수용, 토지공법연구 제18집(2003. 6) 536면 참조.

3) Terri L. Lindfors, Regulatory takings and the expansion of burdens on common citizens, 24 Wm. Mitchell L. Rev. 255, 258 (1998).

2005년 6월 23일에 미국 연방대법원에서 결정한 Kelo v. City of New London 판결이 최근의 대표적 직접·물리적 수용에 해당한다.[4] 이 사건에서 당국(NLDC)은 자신의 토지권을 양도하기를 거부하는 켈로 부인(Mrs. Kelo)을 비롯한 몇 명의 기존 토지권보유자들을 상대로 토지수용권(eminent domain)을 발동할 것을 2000년 10월에 결정하고, 11월에 수용통지(Notices of condemnation)를 하였다. 이에 켈로 부인(Mrs. Kelo) 등은 당국(NLDC)에 대항하여 강제수용절차의 정지를 구하는 소송을 코네티컷주 제1심법원(Connecticut Superior Court)에 제기함으로써 이 사건이 시작되었다.

규제적 수용의 경우는 그 모습이 사뭇 다르다. 규제적 수용의 경우 정부는 문제의 정부규제가 일반적으로 재산권을 침해하더라도 이것은 공익을 실현하기 위한 일반적 규제에 해당하는 것으로 수용(takings)에 해당하는 것은 아니라며 부정한다. 이에 토지권보유자가 정부에 대해서 "역수용소송(inverse condemnation action)"을 제기해서 보상(compensation)을 받으려고 하는 것이다. 이것은 전형적으로 토지에 대한 정부의 이용규제가 수용에 해당하는 것이 아닌가 하는 의심이 있는 때에 제기된다. 역수용소송에서는 두 가지 주요 문제가 해결되어야 한다. 과연 문제의 정부규제가 수용에 해당하는지, 수용에 해당한다고 한다면 이에 대한 정당보상을 어느 정도까지 인정할 것인지가 여기에 속한다고 할 것이다.[5]

4) No. 04-108. Argued February 22, 2005 – Decided June 23, 2005. http://laws.findlaws.com/us/000/04-108.html(2005년 9월 25일 마지막 방문).

5) Robert Meltz, Dwight H. Merriam, Richard M. Frank, The Takings Issue(1999), 3-4.

제2절 역수용소송에서의 원고적격

미국 연방헌법은 제3장에서 연방법원의 사법심사권(the Judicial Power)은 "사건이나 분쟁(case or controversy)"에만 미친다고 규정하고 있다.[6] 여기서 "사건과 분쟁"의 요건에 의해 사법심사권의 한계가 규정되어 연방법원은 오직 사건이나 분쟁의 요건을 갖춘 경우에만 원고적격여부를 심사할 수 있다. 원고적격(standing)이란 "당사자가 연방법원으로 하여금 분쟁의 본안을 결정하도록 할 자격"을 가지고 있는지 여부에 관한 문제로, 사법부로 하여금 일반적 사회문제에 대해 개입을 자제하고 입법부에 처리를 맡기도록 함으로써 권력분립의 원칙을 준수하는 것을 주목적으로 함과 동시에 사법부 판단의 효율성과 공정성을 추구하기 위한 것이라고 한다.[7]

미국 연방대법원은 제3장 "사건이나 분쟁"의 한계에 대해 최근 Lujan v. Defenders of Wildlife[8]에서 판시하고 있다. 헌법상 요구되는 원고적격의 기본적 최소한의 요소로서 사실상의 침해가 있을 것과 그 침해행위와 침해의 원인이 되는 정부의 행위 사이에 인과관계가 있을 것을 요구하고 있다. 첫째, 사실상의 침해에 대해서는 법적으로 보호되는 법익의 침해로서 이것은 (a) "구체적이고 특정적"이어야 하며 (b) "실제적이나 임박한 것"이어야만 하고 "추정적이거나" 또는 "가정적"이지 아니하여야 한다고 하였다. 둘째, 인과관계에 대해서 그 침해는 문제가 된 피고의 행위에 원인을 돌릴

6) U.S. Constitution Art. III sec. 2. "The judicial Power shall extend to all Cases, …to Controversies…."

7) 박수헌, 미국법상의 입법자의 원고적격에 관한 고찰, 공법연구 제30집 제4호(2002) 272-273면.

8) 504 U.S. 555 (1992).

수 있는 것이며, 제3자의 독립적인 행위에 기인한 것이어서는 안 된다. 즉 자신의 법익이 정부의 행위에 의하여 확정적이고 구체적으로 침해받은 경우에만 연방법원에 이에 대한 사법심사를 청구할 수 있는 것이다.[9]

미국 연방법원은 소송의 주관성을 유지하며 원고적격조항을 해석하여 왔다. 1974년의 Warth v. Seldin 판결[10]에서 연방법원의 사법심사권은 원칙적으로 자신의 법익이 침해되었다는 것을 주장하는 사람들에게만 주어지는 것이고 이런 판결에 의해 제3자가 이득을 보더라도 그것은 부수적인 효과에 불과하다고 판결하였다. 일반적인 국민과 관련된 사건은 법원이 아닌 다른 국가기관에서 보다 잘 처리할 수 있기 때문에 그에 대해서 법원은 심사권을 가지지 않는다고 판결하고 있는 것이다.[11] 미국 연방대법원은 1982년의 American United for Separation of Church and State, Inc. v. Valley Forge

9) Ibid. 560
"First, the plaintiff must have suffered an "injury in fact" - an invasion of a legally-protected interest which is (a) concrete and particularized … and (b) "actual or imminent, not 'conjectural' or 'hypothetical'", … Second, there must be a causal connection between the injury and the conduct complained of - the injury has to be "fairly … trace[able] to the challenged action of the defendant, and not … th[e] result [of] the independent action of some third party not before the court."

10) Warth v. Seldin, 422 U.S. 490 (1974).

11) Ibid. 499
"The Art. III judicial power exists only to redress or otherwise to protect against injury to the complaining party, even though the court's judgment may benefit others collaterally. A federal court's jurisdiction therefore can be invoked only when the plaintiff himself has suffered "some threatened or actual injury resulting from the putatively illegal action … First, the Court has held that when the asserted harm is a "generalized grievance" shared in substantially equal measure by all or a large class of citizens, that harm alone normally does not warrant exercise of jurisdiction. … Second, even when the plaintiff has alleged injury sufficient to meet the "case or controversy" requirement, this Court has held that the plaintiff generally must assert his own legal rights and interests, and cannot rest his claim to relief on the legal rights or interests of third parties."

Christian College 판결[12]에서도 청구인들이 그들 자신의 법적인 이익이나 권리를 주장하기보다 제3자의 법익이나 이익을 주장하는 경우에는 재판관할권을 행사할 수 없다고 판시하여 사법심사권을 부정해 왔다.[13]

미국 연방법원은 객관적이고 추상적인 문제는 의회(Congress)에 의해 더 잘 다루어질 수 있기 때문에 사법심사권은 없다고 판시하고 있다. 넓은 공공의 중요성이 있는 추상적인 문제들은 일반적으로 "일반화된 불만"이 되어 많은 사람들에 의해 이해관계들이 널리 나누어지고 의회에 의해 더 잘 다루어질 수 있으므로 법원에서 다루는 것은 적절하지 않다고 본다. 연방대법원은 의회의원들이 "의원 개인으로서 자신들에게 어떤 법익의 침해도 주장하지 못했고 … 그들이 주장하는 기관적 손해(the institutional injury)는 전적으로 추상적이며 널리 퍼져 있다."[14]라고 판시하여 Line Item Veto 입법의 파기를 구하는 미국 의회의원들의 원고적격을 부정하였다. 따라서 역수용소송에서 원고적격은 정부의 규제행위로 인하여 자신의 재산권에 침해를 받은 재산권보유자들(the aggrieved property owners)에게 인정될 것이다.

제3절 회피의 법리(the abstention doctrine)

역수용소송에서의 주요한 문제들 중 하나는 불이익을 당한 재산권보유자가 과연 어느 법원에 소송을 제기해야 하는가 하는 문제이다. 즉 주법원에

---

12) 454 U.S. 464 (1982).

13) Ibid. 474 (1982).

14) Raines v. Byrd, 117 S. Ct. 2312 (1997).

소송을 제기하여야 하느냐, 연방법원에 소송을 제기하여야 하느냐의 문제인 것이다. 그 이유는 미국이 연방제 국가로 연방법원뿐만 아니라 주법원에서도 수용에 관한 재판관할권을 가지고 있기 때문이다. 만약 피고가 연방정부인 경우는 원고가 연방법원에 역수용소송을 제기하면 될 것이다. 문제는 주나 지방정부의 규제가 그 대상이 된 경우이다. 역수용소송에서 법원의 선택은 주요한 문제가 될 것이다. 특히 피고인 주나 지방정부들은 그들이 익숙한 재판지인 주법원에서 그 역수용소송이 계속되기를 원하고 재산권보유자들은 그들에게 보다 호의적인 연방법원에 역수용소송을 제기하기를 원하기 때문이다.

예양의 원칙(principle of comity)과 협동적 연방주의의 원칙(principle of cooperative federalism)에 바탕을 둔 회피의 법리(the abstention doctrine)는 개별 주의 민감한 분쟁들에 대해서 사법심사가 반드시 필요한 경우가 아니면 연방법원의 사법심사를 허용해서는 안 된다는 개념에 기초한 것이다. 회피의 원칙을 옹호하는 사람들은 그러한 주정부의 분쟁들은 주법원들에서 해결되어야 한다고 주장한다. 연방법원은 다양한 회피의 법리(the abstention doctrine)를 적용하여 주정부규제에 관한 역수용소송이 연방법원에 제기되는 것을 막아 왔다. 미국 연방법원 판사들은 회피의 법리(the abstention doctrine)를 사용하여 역수용소송을 개별 주법원에서 심사하여 종결하도록 하고 있다.[15] 미국의 한 연방법원에서는 "Super Zoning 위원회의 역할을 하는 것은 연방법원의 영역이 아니다."라고 솔직히 토로한 바 있다.[16]

---

15) Robert Meltz, Dwight H. Merriam, Richard M. Frank, The Takings Issue(1999), 74-77.

제4절 성숙성의 원칙(the ripeness doctrine)

1. 성숙성의 원칙 일반

"성숙성의 원칙(ripeness doctrine)"은 특정 시간에 있어서 사법심사의 적정성에 관한 쟁점을 다루는 것으로 주요한 쟁점들이 사법심사에 적당한 상태에 있느냐 하는 것이다. 이 문제는 또 쟁점들이 사법적 판단에 적합한가와 사법심사의 지연이 원고 측에게 어떠한 곤란을 초래하는가 하는 두 단계의 개념으로 분리하여 설명될 수 있다. 사법적 판단의 적절성은 쟁점들이 법적인 문제에 속하는가의 여부이다. 원고의 곤란성이란 사법심사의 지연으로 원고가 받게 되는 불이익이 불확실하지 않고 확정적이어야 하며 단순히 금전적인 것 이상이어야만 한다는 것이다. 이러한 성숙성의 원칙은 미국 연방헌법 제3장의 "사건이나 분쟁(case or controversy)" 규정과 삼권분립의 원칙에서 나온 것이다.[17)]

미국 연방대법원은 1967년에 Abbott Laboratories v. Gardner[18)] 판결에서 이 원칙을 확인했다. 이 판결에서 문제의 분쟁이 사법심사의 대상으로서 성숙했다는 것을 나타낸다고 판결했다. 법률해석의 문제는 순전히 법적인 것이며 문제의 행정법령들은 행정절차법에서 규정하고 있는 "최종행정행위(final agency action)"에 속한다고 보고, 원고들이 받는 행정법령들의 영향

16) Schenck v. City of Hudson, 114 F.3d 590, 594-595 (6th Cir. 1997)("It is not the province of a federal court to act as a super-zoning board."(6th Cir. 1997).

17) Gordon C. Strachan, Adam Strachan, The Ripeness Doctrine in Regulatory Takings Litigation, 22 J. Land Resources & Envtl. L. 19, 21 (2002).

18) 387 U.S. 136 (1967).

은 문제에 대한 사법심사가 적정하게 하기 위해 충분히 "직접적이고 급박(direct and immediate)"한 것이라고 판결하였다. 이 판결에서 연방대법원이 판시한 바와 같이, 성숙성 원칙의 가장 기본적인 이론적 근거는 사법부가 시기상조의 판단행위를 하는 것을 회피함으로써 법원 자신이 추상적으로 의견이 합치하지 않는 행정정책들에 개입하는 것을 방지하는 것이다. 또한 미국 행정부의 중심을 이루는 행정위원회들 측면에서 살펴보면 행정위원회들의 행정적 결정이 이루어져 그 정책의 영향이 구체적으로 원고들의 권리들을 침해하기 전까지 사법부가 간섭하는 것을 배제함으로써 행정정책의 수립절차를 보호하기 위한 것이다.[19] 이 성숙성의 원칙은 분쟁이 충분히 구체적이어서 사법적 판단의 가치가 있는 경우가 아니면 소송의 본안을 심사하는 것을 금지하는 것이다.[20]

2. 역수용소송에서 성숙성의 원칙

미국 연방대법원은 1985년 Williamson County Planning Commission v. Hamilton Bank 판결[21]에서 토지이용규제에 대한 역수용소송에서 필수적인 성숙성의 원칙을 확립하였는데, 이것은 역수용소송의 제기요건으로 "문제의 재산에 대한 규제들의 적용에 관련된 최종적인 결정(a final decision regarding the application of the regulations to the property at issue)"을 요구한다.[22] 이렇게 문제의 규제를 강제하는 행정기관으로부터

19) Ibid. 148-49.

20) Thomas v. Union Carbide Agric. Products Co., 473 U.S. 568, 579 (1985).

21) 477 U.S. 172 (1985).

22) Ibid. 186.

최종적인 결정(final decision)을 받아야 한다는 것은 성숙성의 원칙의 첫째 요건이다. 두 번째 요건은 원고는 만약 州政府가 “보상을 지급하기 위한 상당하고 확실한 적정한 규정(resonable, certain and adequate provision)”을 가지고 있다면 원고는 州로부터 먼저 보상을 신청할 것을 요구해야 한다는 것이다.[23]

이러한 성숙성의 요건은 개별 역수용소송의 특별한 상황에 달려 있는 것이라고 할 수 있다. 즉 재산권보유자가 자신의 재산에 관련된 Zoning 법령이나 구획분할 법령에 대한 최종적 결정이 이루어지기 이전에는 문제의 토지에 상당히 유용한 이용권을 보유하고 있는지 혹은 기대이익이 침해되었는지를 측정하기가 매우 어려운 한계상황이 있다고 하겠다.[24]

이러한 역수용소송에 있어서의 성숙성의 원칙은 1986년 MacDonald, Sommer & Frates v. County of Yolo 판결[25]에서도 확인하였다. 이 판결에서 연방대법원은 이 사건이 성숙하였는지는 적정한 증거에 의해 증명되어야 한다고 하면서 단 한 번 개발계획을 제출하고 지방계획위원회에서 이를 거절한 증거를 제출한 것만으로는 문제의 토지가 수용되었는지 결정하기에는 불충분하며 여러 번의 개발업자의 개발계획에 대한 거절 없이는 “최종결정(final decision)”이 있었다고 볼 수 없다고 판결하였다.[26] 토지이용규제법령이 정확히 어떤 토지이용을 금지하고 있는지는 토지이용규제법령이 해당 토지의 이용에 직접 적용되기 전까지는 확정할 수 없다고 할 것이다.

한편, 미국에서 법원의 사법적 구제를 위해 소송을 제기하기 위한 전제조

23) Ibid. 194.
24) Ibid. 190.
25) 477 U.S. 340 (1986).
26) Ibid. 342.

건으로 완벽한 행정기록(complete administrative record)을 확립할 것을 요구하는 소진의 원칙이 있다. 원래 이 원칙은 행정심판을 거치지 아니하고 소송을 제기하여 법원의 사법심사를 받을 수 있는가의 문제에 대해 미국법원에서 채택하고 있는 것으로 이른바 行政救濟消盡의 原則(the doctrine of exhaustion of administrative remedies)이다. 이 원칙에 따르면 행정청의 행위에 대해 법원에 의한 사법구제를 구하기 이전에 반드시 행정청 내부에서 허용된 모든 구제수단을 다 거쳐야 한다는 것이다.[27] 역수용소송에 해당하는 판결을 살펴보면, 문제의 토지권보유자가 제기한 적정보상을 위한 소송은 행정구제를 모두 거쳐서 이를 소진하지 않았기 때문에 규제적 수용을 확립하지 못함을 이유로 기각되었다. 이 사건에서 토지권보유자는 소송을 제기하기 전에 토지에 대한 일시적 사용중지(moratorium)의 면제를 신청하였다는 것을 증명하지 못했다. 뉴욕州 제2심법원은 적절한 행정기록이 없으면 토지권 보유자의 역수용소송을 더 이상 심리할 수 없다고 결정하였다.[28] 이러한 소진의 원칙은 역수용소송이 토지의 개발사업에 대한 일시적 중지(moratorium)에 근거한 것일 때 특히 중요하다고 하겠다.[29]

이상에서 본 바와 같이 역수용소송에서 연방헌법의 수용규정에 근거하여 규제적 수용의 청구를 확립하기 위해서는 토지권보유자가 두 가지 요소를 확립하여야 한다. 첫째, 토지권보유자는 문제의 과도한 토지규제법령에 의해 자신의 토지가 사실상 수용되었다는 것을 보여 주어야 한다. 둘째, 그가

27) William F. Fox, Jr., Understanding Administrative Law(3d Ed, 1997), 382.

28) Timber Ridge Homes at Brookhaven, Inc. v. New York, 223 A.D.2d 635 (1996), appeal denied, 88 N.Y.2d 802 (1996).

29) Robert Meltz, Dwight H. Merriam, Richard M. Frank, The Takings Issue (1999), 278.

정당하게 보상받지 못했다는 것을 보여 주어야 한다. 따라서 이러한 청구가 사법심사를 받을 만큼 성숙한 것에 해당하지 않으면 문제의 규제법령이 얼마나 과도하게 침해하였는지 또는 토지권보유자는 얼마만큼 정당보상을 받아야 정의에 합당한 것인지에 대해서 판단할 수 없다.[30]

제5절 무용의 법리(doctrine of futility)

이렇게 성숙성의 원칙을 모든 역수용소송에 적용할 경우 이 원칙이 그의 재산권을 개발하려고 하는 토지권보유자에게 부당한 부담을 지운다는 비판이 제기될 수 있다.[31] "최종적 결정(final decision)"을 취득해야 한다는 절차적 부담은 토지권보유자들이 개발업자들에게 반감과 공포심을 갖게 한다. 지방정부들은 의도적으로 최종적 결정으로 해석될 수 있는 어떠한 언급이나 행위도 하지 않고 개발계획이나 신청을 영원히 지연하거나 부정함으로써 토지의 개발을 효과적으로 지연시킬 수 있다. 몇몇 지방정부의 공무원들은 인기가 없는 개발사업 등을 지연하거나 방지하기 위해 "전략적 핑계(strategic run-around)"를 이용할 수도 있는 것이다. 이러한 지연전술이나 부당한 신청절차의 남용으로부터 토지권보유자들을 보호하기 위해 미국 연방법원이 확립한 것이 성숙성의 원칙에 대한 "무용의 예외(the futility exception)"이다. 이러한 무용의 예외에 의하면 토지권보유자는 복수의 개

---

30) Gordon C. Strachan, Adam Strachan, The Ripeness Doctrine in Regulatory Takings Litigation, 22 J. Land Resources & Envtl. L. 19, 22 (2002).

31) Michael M. Berger, Happy Birthday, Constitution : The Supreme Court Establishes Nrew Ground Rules For Land-Use Planning, 20 Urb. Law. 735, 786 (1988).

발계획 신청이 효용이 없다는 것이 명백해진 경우에는 복수의 개발계획을 다시 제출하거나 신청할 필요가 없다. 미국 연방대법원은 1997년의 Suitum v. Tahoe Regional Planing Agency 판결[32]에서 규제권의 범위가 명확해진 뒤로 최종결정의 법칙에 따라 무익한 신청을 할 것을 요하지는 않는다고 판시하였다.[33] 무용의 예외는 토지권보유자들을 정부 기관의 전략적 핑계로부터 방어해 주는 역할을 담당하고 있다고 할 수 있다.[34]

미국 연방대법원은 1999년 City of Monterey v. Del Monte Dunes At Monterey, Ltd, et al. 판결에서 성숙성의 원칙 예외에 해당하는 무용의 법리를 사인의 역수용소송에서 적용할 수 있음을 재확인하였다.[35] 이 판결의 내용을 구체적으로 살펴보면 다음과 같다.

1. 사건 개요

Del Monte Dunes는 미국 캘리포니아주의 몬테리(Monterey)시에 있는 37.6에이커(acres)의 해변가 토지를 지칭하는 말이다. 토지개발회사인 Del Monte Dunes at Monterey, Ltd(이후에 Del Monte社)가 이 토지를 보유하고 있었고 이 토지 위에 주거지를 건축하기 위해 시당국에 허가를 신청하였다.

환경적으로 이 지역은 이전의 사용자가 석유탱크저장시설로 이용했던 곳이어서 많이 훼손되어 있었다. 토지의 침식을 막고 저장탱크 주변 토질을

32) 520 U.S. 725 (1997).

33) Ibid. 739.

34) Gordon C. Strachan, Adam Strachan, The Ripeness Doctrine in Regulatory Takings Litigation, 22 J. Land Resources & Envtl. L. 19, 29-30 (2002).

35) 526 U.S. 687 (1999).

보전하기 위해 특별히 외래 수종(ice plant를 말함)이 도입되어 점차 번식해 전체 토지의 약 25%를 점유하게 되었다. 이러한 현상은 이 지역개발에 심각한 환경파괴의 우려를 불러오기에 충분하였다.

Del Monte社가 처음으로 개발계획을 신청하였을 때는 그 신청절차에만 5년이 소요되었으며 19개의 서로 다른 지역들의 계획서로 구성되어 있었다. 이 지역의 용도지구(Zoning)는 에이커당 29동의 주택과 전 지역에 걸친 1,000동 이상의 주택건설을 허용했다. Del Monte社가 애초 신청한 개발계획은 오직 344동 주택건설을 목표로 한 것이었다. 1982년 이 개발계획은 몬테리 시당국(the Monterey Planning Commission)에 의해 거절되었다. 신청절차의 요구조건으로 인해 Del Monte社는 시당국이 잠정지도(the tentative map)를 승인하기 전에 이 지역을 개발할 수 없었고, 시당국이 잠정지도를 승인하고 난 후에 최종지도(final map)를 시행하고 건설공사를 시작할 수 있었다.

Del Monte社는 이를 264개동 주택건설계획으로 변경하였지만 시당국에서는 1983년 12월에 이 계획도 거절하였고, 1984년의 224개동 주택건설계획도 거절하였다. 1984년 12월에 시위원회(the City Council)는 시당국의 거절처분을 취소하고 190동 주택건설계획으로 변경할 것을 재요구하였다. Del Monte社는 시위원회의 요구를 수용하여 4개의 세부지역계획을 다시 제출하였다. 이것은 전체적으로 190동 주택건설계획이었다. 1984년 7월 시당국은 이 계획마저도 거부했고 Del Monte社는 다시 시위원회에 재심청구를 하였다.

1984년 9월 13일에 시위원회는 다시 시당국의 결정을 번복하고 Del Monte社의 190동 주택건설계획을 승인하였다. Del Monte社는 다시 개발계획을 시위원회의 요구를 수용해서 수정, 1985년 최종계획서를 제출하였다. 이 최종계획서에 의하면 전체 37.6에이커 중 17.9에이커는 공공개방공간(the public open space)에 제공되었다. 공공개방공간은 재래식물(the buckwheat plant)의 보존지구와 7.9에이커의 자연경관보전지구, 6.7에이커의 도로부지를 포함하고 있었다. 1986년 시당국은 Del Monte社가 최종적으로 제출한 190동 주택건설계획도 거부하였고 이에 즉시 시위원회에 재심청구를 하였지만 이번에는 시위원회에서 허가를 거절하였다. 시위원회의 거절은 Del Monte社가 시의 요구사항을 준수하지 않았다는 것에 근거한 것이 아니라, Del Monte社의 개발계획이 이 지역의 환경을 훼손할 우려가 있고 특히 희귀종인 나비(the Smith Butterfly)의 서식지를 파괴할 우려가 있다는 것 때문이었다.

2. 경과

Del Monte社는 시를 상대로 연방 제1심법원(the U.S. District Court for the Northern District of California)에 소송을 제기하였다. Del Monte社의 주요한 주장은 시위원회가 자신의 최종개발계획안(the final development proposal)을 거절한 것이 연방수정헌법 제14조의 적법절차와 평등보호조항의 위반일 뿐만 아니라 정당보상하지 않음으로써 규제적 수용에 해당한다는 것이었다. 연방 제1심법원은 Del Monte社의 주장이 성숙성의 원칙을 위반하였다고 판시하였는데 연방 제2심법원(the Ninth Circuit)은 시의 허가거부결정에 대한 Del Monte社의 주장은 성숙하고 충분히 최종적이라고 판결하였다. 또한 California 주가 시위원회에서 Del Monte社의 최종개발계획안을 최종적 거절처분을 할 당시에 규제적 수용에 대한 금전적 보상규정을 가지고 있지 않았기 때문에 Del Monte社는 연방법원에 소송을 제기하기 전에 주법원에 먼저 청구를 하여야 한다는 요구조건도 준수하지 않아도 된다고 하였다.[36)]

3. 판결

Del Monte社는 소송 계류 중 문제의 토지에 대한 비정상적인 이용계획거절들을 고려해서 800,000달러로 캘리포니아 주정부에 공원으로 매각하였다.[37)] 그러나 소송은 계속되어서 연방 제2심법원에서 파기된 후에 연방 제1심법원은 재차 심사하여 시당국의 행위들이 Del Monte社의 평등권을 침해한 것으로 위헌적 수용에 해당한다고 하면서 수용에 대한 보상으로 1,450,000달러를 보상해 줄 것을 결정하였다. 이에 시에서는 다시 연방 제2심법원에 항소하였는데 연방 제2심법원은 정당하게 제출된 증거들에 의하면 문제의 정부규제는 수용에 해당하며 배심원이 정한 보상금은 결코 과도한 것이 아니라고 판시하였다.[38)] 이 판결에서 연방대법원이 연방 제2심법원의 판지를 유지함으로써 사건은 종료되었다. 이 판결에서 주목을 끄는 것은 규제당국의 이른바 "전략적 핑계"에 일침을 가한 것이다. 보상액은 원칙적으로 정당시장가격(fair market value)이 원칙이지만, 이 사건에서는 배심원

---

36) 526 U.S. 698-99 (1999).

37) Robert S. Payne, The current state of regulatory takings in Supreme Court jurisprudence : A look at city of Monterey v. Del Monte Dunce at Monterey, Ltd. Villanova Environmental Law Journal 349, 355 (2000).

38) Del Monte Dunes at Monterey, Ltd. v. City of Monterey, 95 F.3d 1422, 1425 (9th Cir. 1996).

들이 시장가격보다 약 2배에 가까운 액수를 결정하였고 이를 연방 상급법원들에서도 인정하였다는 것이다. 결국 이 판결은 역수용소송에 적용되는 성숙성의 원칙에 대해 예외인 무용의 법리를 적용한 판결례라고 이해할 수 있을 것이다.

제6절 소결

미국에서 정부의 토지규제권의 행사에 대해서 토지권보유자는 미국 연방수정헌법 제5조의 수용(takings)의 법리와 미국 연방수정헌법 제14조의 적법절차(due process)의 법리에 근거하여 문제의 토지규제를 공격할 수 있다. 실체적 적법절차(substantive due process)는 수용의 규정보다는 "재산권(property)" 규정과 좀 더 밀접한 관련을 가지는 조항이라고 할 수 있을 것이다. 실체적 적법절차는 정부가 채택한 규제의 수단들과 목적 사이의 적합성이 논리적인 것인지를 심사하는 데 그 초점이 있다. 한편 수용의 법리는 대체로 정부규제의 침해성이나 경제적 영향에 초점을 맞추고 있다. 지나치게 비이성적인 정부의 규제행위가 실체적 적법절차의 원칙을 위반할지는 모르지만, 경제적 영향이 미약하다면 수용(taking)에 해당하지는 않을 것이다. 성숙성의 원칙(ripeness doctrine)과 관련된 차이점도 있다. 성숙성의 원칙에 의하면 역수용소송의 원고는 무용(futile)에 해당하지 않는 한 그 소송을 연방법원에 제기하기 전에 주법원에 먼저 제기하여야 한다. 그러나 적법절차의 위반을 다툴 경우에는 반드시 주법원의 심리를 거친 후에 연방법원에 소송을 제기하여야 하는 것은 아니다. 마지막으로 수용의 경우에는 보상을 그 법적 구제수단으로 하고, 아주 드문 경우에 토지이용규제의 무효화를 요구하지만 적법절차의 위반은 해당 정부규제의 무효화가 그 법적 구제수단이라고 할 것이다.[39]

미국에서 규제적 수용이 인정된 이후에도, 토지권보유자의 수용에 해당하는 효과를 가지는 토지이용규제법령에 대한 법적 구제수단은 해당 법령을 무효화하는 것이었다.[40] 통상적으로 토지개발사업에 있어 시간문제는 매우 중요하다. 만약 토지개발에 대한 관심과 인기가 해당 규제에 대한 소송기간 동안 사라져 버렸다면 토지이용규제법령을 무효화하는 것은 허울뿐인 승리에 지나지 않았다. 1987년 미국 연방대법원은 First English Evangelical Lutheran Church of Glendale v. County of Los Angeles 판결에서 규제적 수용에 대한 법적 구제가 단순히 법령을 무효화하는 것에 그치지 않고 정당보상을 해 주는 것이라고 판결하였다.[41] 이렇게 규제적 수용에 대한 법적 구제가 해당 법령의 무효화에 그치지 않고 더 나아가 해당 법령이 유효한 동안 토지소유자가 입은 손실에 대한 정당보상(just compensation)을 해 주어야 한다는 점은 토지권보유자나 개발업자들이 보다 적극적으로 토지이용관련 소송을 제기하는 계기를 제공하였지만, 미국의 사법부는 여전히 토지이용계획이나 용도지구계획(Zoning)에 관여하기를 주저하고 있다.[42]

많은 법원들은 헌법의 삼권분립의 원칙을 심각하게 받아들여 입법 활동에

---

39) Robert Meltz, Dwight H. Merriam, Richard M. Frank, The Takings Issue(1999), 17-18.

40) Susan E. Looper-Friedman, Constitutional Rights As Property?: The Supreme Court's Solution to the "Takings Issue," 15 Colum. J. Envtl. L. 31, 32 (1990).

41) 482 U.S. 304, 319 (1987).

42) Richard J. Roddewig, Recent Developments in Land Use, Planning and Zoning, 21 Urb. Law. 769, 773 (1989).

가까운 행위들에 대해서는 관여하지 않으려 한다. 토지이용계획이나 Zoning의 현실이 구체적 손해가 명백하고 급박하게 나타나는 경우를 제외하고는 법원의 간섭을 허용하지 않는다. 법원은 사실을 파악할 수 있는 능력이 부족하고 전문지식이나 행정적 식견이 부족하다고 할 것이다. 그 결과 법원은 절대적으로 필요한 경우가 되기 전까지는 규제적 수용소송을 심사하기를 꺼리게 된다. 이렇게 법원들이 토지이용계획결정에 너무 일찍 관여하는 것을 회피할 수 있도록 법원들이 이용할 수 있는 가장 인기 있는 절차적 장치들 중에 하나가 "성숙성의 원칙(the ripeness doctrine)"이다. 그러나 토지규제권자가 전략적 지연으로 적법한 토지이용신청을 계속적으로 거부할 때는 사법부가 "무용의 법리(doctrine of futility)"를 적용하여 토지권보유자의 적법한 토지이용을 보장할 수 있다고 하겠다.

제5장

보상의 대상에 해당되지 않는 정부 규제권 행사

제1절 개관

19세기 말부터 산업화가 진행됨에 따라 연방정부 차원에서도 규제위원회들이 설립되어 연방정부의 규제권이 점점 강화되었다. 이렇게 강화된 연방정부나 주정부의 규제에 대한 미국 사법부의 대응방안은 실체적 적법절차(substantive due process)를 적용하여 국민의 재산권을 보호해 주는 것이었다. 하지만 경제적, 실체적 적법절차를 적용하여 한층 강화된 정부의 규제권한에 대응해 국민의 재산권을 보호하려던 미국 연방대법원의 시도는 결국 미국 행정부와 의회로부터의 강한 반발을 가져왔고, 이러한 반발이 구체적 사건으로 나타난 것이 이른바 루즈벨트 대통령의 연방대법원 개혁안(Court-packing plan)이었다.

이러한 연방행정부와 의회의 반발에 따라 미국 연방대법원이 1937년 이후 실체적 적법절차(substantive due process)를 근거로 연방의회의 법률에 대하여 위헌판결을 내린 예는 극히 드물며, 이른바 Lochner 판결시대는 미국에서는 더 이상 존재하지 않게 되었다. 이렇게 실체적 적법절차 원칙을 적용하여 정부의 규제권 행사에 대해 더 이상 제동을 가할 수 없는 상황에서 새롭게 주목을 받게 된 것이 Mahon 판결에서 처음 다룬 이른바 규제적 수용이다. 그 후 미국 연방대법원은 규제적 수용 관련 판례들을 발전시켜 왔다. 즉 규제적 수용은 정부의 규제권 행사와 국민의 재산권보장이 서로 상충될 때 나타나는 것으로, 일반적인 물리적 수용의 경우와 같이 정부의 수용권(eminent domain) 행사로 인하여 국민의 재산권에 침해가 오는 것과 다름이 없음은 논의한 바와 같다.

모든 정부의 규제권 행사에 대해 규제적 수용이 발생해 그에 따른 손실보상을 해 주어야 한다고 인정한다면 어떤 정부기관이라도 그 기능을 다할 수 없는 한계에 이르게 될 것이다. 따라서 정부의 정당한 규제권 행사에 대해서는 규제적 수용을 적용할 여지가 없다 할 것이다. 정당보상을 요하지 않는 정부의 규제권 행사의 한계를 알아보기 위해서는 이러한 견해를 전제로 미국 연방대법원에서 다룬 사례를 보다 면밀히 살펴볼 필요가 있다.

제2절 정당한 규제권의 행사인 생활방해 예외 (Nuisance Exception)

지난 세기 동안 미국 연방대법원은 몇몇 유형의 정부의 규제행위가 그것들이 개인의 재산권에 대한 경제적 영향을 끼침에도 불구하고 수용에 해당되지 않는 것으로 인정할 수 있는 원칙들을 발전시켜 왔다. 이러한 원칙들은 정부가 국민의 기본권을 보호하고 공공정책을 적절히 수행하기 위해서 정부의 규제권 행사가 반드시 필요한 경우에 해당하고, 이러한 정당하고 일상적인 규제권 행사로 인하여 국민의 재산권에 어느 정도 불이익이 있더라도 정당보상의 대상으로 보지 않는 것이 정부의 기능을 수행하기 위해서 어쩔 수 없는 선택이라는 것을 인정하였다.

이렇게 정부의 규제권행사에 대해 정당보상의 대상에서 제외되는 것으로 인정하고 있는 것들 중 대표적인 것이 이른바 '생활방해 예외의 원칙(Nuisance Exception)'이다. 정부의 규제권에 근거한 법률이나 규정으로 공공생활방해(public nuisance)를 규제하는 것은 미국 연방수정헌법 제5조 정당보상조항의 적용대상이 아니었다.

1. 생활방해(nuisance)의 정의

미국 법에서 생활방해(nuisance)의 정확한 법적 개념이 어떤 것인가에 대해서는 한마디로 정의할 수 없다. 미국 불법행위법의 대가인 프로셔 학장(Dean Prosser)은 "미국 전체 법체계에서 생활방해(nuisance)라는 말을 둘러싸고 있는 정글보다 더 침투하기 곤란한 것은 아마 없을 것이다."라는 명언으로 생활방해금지법의 어려움을 잘 표현하였다.[1] 미국의 모든 주에서 공공생활방해(public nuisance)의 명확한 정의를 규정하고 있지 않거나 일반적이고 별 의미 없는 개념정의규정을 두면서 이에 관한 형법규정을 두고 있다.[2] 예를 들면 대부분의 주들에서는 경찰이 문제가 있는 세입자를 받아들인 토지권보유자(land owner)들에 대해 해당 건물 등을 보상 없이 일 년 가깝게 폐쇄시키거나 임대업허가(rental certification)를 취소하기도 하였다. 토지권보유자들이 당국의 이러한 행위들에 대해서 소송을 제기하는 일은 여러 가지 이유들로 인해 점점 줄어들었다.[3]

2. 독립전쟁에서 남북전쟁까지 생활방해금지법의 발전

생활방해(nuisance)라는 개념이 처음 문서에 나타나기 시작한 것은 12세

1) William L. Prosser & W. Page Keeton, The Law Of Torts 616 (5th ed. 1984).("there is perhaps no more impenetrable jungle in the entire law than that which surrounds the word 'nuisance'").

2) William L. Prosser & W. Page Keeton, The Law Of Torts 646 (5th ed. 1984).

3) Bryan M. Seller, Moving From "Broken Window" to Healthy Neighborhood Policy : Reforming Urban Nuisance Law In Public and Private Sectors, 92 Minn. L. Rev. 883, 886 (2008).

기부터라고 한다. 생활방해(nuisance)는 "피고의 토지에서 일어난 행위들로 인하여 원고 토지의 이용이나 즐거움을 방해하는 것을 구제하는 것"이라고 정의되고 있다.[4] 많은 변호사들이 생활방해금지소송을 제기하였던 이유는 이 소송에서 금전적 손해배상뿐만 아니라 금지처분(injunctive relief)을 받을 수 있기 때문이었다. 미국독립전쟁이 일어났던 시기만 하더라도 생활방해금지소송은 토지권보유자에게 완전한 보호의 수단으로 작용하였다. 그러나 남북전쟁 이후 미국의 산업구조가 농업적 산업구조에서 상공업 중심의 산업구조로 변해 가면서 생활방해금지법도 점점 공업발전에 힘을 실어 주는 방향으로 변하여 갔다. 법원들에서는 법률적 정당화요건이나 특별손해요건 등 기존에 요구하지 않던 요건들을 인정하면서 산업활동자들을 점차 보호하기 시작하였다. 그리고 금전적 손해가 아직 발생하지 않은 경우에 금지처분(injunctive relief)을 허용하기를 점점 주저하기에 이르렀다.[5]

1800년대 중반에는 많은 주 의회에서 사회적 변화에 대응하기 위하여 생활방해금지법을 입법하기에 이르렀다. 이러한 발전은 생활방해금지소송에 있어서 법원의 역할에 대한 변화를 가져왔고 공공생활방해(public nuisance)를 규정함에 있어서 주의회의 입법권의 한계를 명확히 하도록 하였다.[6]

다음으로 공공생활방해(public nuisance)에 대한 주정부의 규제권 행사의 한계가 문제시된 대표적인 연방대법원의 판결은 Mugler v. Kansas 판결[7]이

---

4) Jeff L. Lewin, Boomer and American Law of Nuisance : Past, Present, and Future, 54 Alb. L. Rev. 189, 193 (1990). "It provided redress for interference with the use and enjoyment of plaintiff's land resulting from acts committed on the defendant's land."

5) Bryan M. Seller, Moving From "Broken Window" to Healthy Neighborhood Policy : Reforming Urban Nuisance Law In Public and Private Sectors, 92 Minn. L. Rev. 883, 886 (2008).

6) William L. Prosser & W. Page Keeton, The Law Of Torts, 643-66 (5th ed. 1984).

다. 이 판결은 미국 연방대법원이 주의회의 공공생활방해(public nuisance)에 관한 입법에 대한 최초의 사법심사사례에 해당한다. 이 사건은 Kansas주 의회가 생활방해금지법(public nuisance law)을 개정하여 알코올의 생산과 소비를 억제하려고 했던 것이 문제가 된 사건이다.

이러한 생활방해금지법의 제정에 반대하는 사람들은 Kansas주 의회가 공공생활방해법(public nuisance law)을 개정하여 주류의 생산과 소비를 금지하는 것은 법적 절차를 거치지 않고 재산권자의 재산권을 변경한 것이므로 연방수정헌법 제14조의 특권과 면책규정 및 적법절차규정을 위반한 것에 해당한다고 하였다.[8] 그리고 아직 규제적 수용에 대한 법리가 확립된 상태가 아니어서 명시적으로 연방수정헌법 제5조를 언급한 것은 아니지만 여전히 보상(compensation)을 해 줄 것을 요구하였다. 즉 건물의 소유자는 양조장의 재산적 가치의 상실에 대한 보상을 요구한 것이었다.[9]

연방대법원은 문제의 Kansas주 법률이 생활방해금지 관련규정을 법률적으로 재정립하여 공동체의 건강, 도덕, 그리고 안전을 보호하기 위한 것이라며 합헌판결을 하였다. 또한 이 판결에서 주정부는 규제권을 행사하는 경우에는 토지권보유자에게 보상을 할 필요가 없다는 것을 명백히 하였다.[10]

3. 개혁기(the Progressive Era : 1890년대에서 1920년대)

20세기 초에 이미 생활방해 예외의 법리는 미국 연방대법원에서 적용되

7) 123 U.S. 623 (1887).
8) 123 U.S. 623, 657 (1887).
9) 123 U.S. 623, 664 (1887).
10) 123 U.S. 623, 668-69 (1887).

었다. 예를 든다면, 1915년의 Hadacheck v. Sebastian 판결에서 연방대법원은 도시지역에서 벽돌공장을 폐쇄하는 것은 정당한 토지규제권의 행사라고 판시하였다.[11)]

개혁기는 도시의 생활방해금지법에 관한 중요한 변화가 있었던 시기로 주목된다. 20세기 초기만 하더라도 미국의 대부분의 도시들에는 사회악의 온상이라고 할 수 있는 홍등가들이 있었다. 그곳에서는 매춘, 도박, 그리고 다른 불법행위들이 경찰들의 간섭을 거의 받지 않고 번성하였다. 이러한 불법행위로 인하여 발생할 수 있는 도덕적·사회적 문제점들 때문에, "비도덕적 지구"에 대한 폐쇄의 노력이 시도되었다고 할 수 있을 것이다.[12)]

이러한 법률의 집행에 있어서 소극적이었던 경찰이나 공무원에 대한 불신은 생활방해금지법률(the Public Nuisance Laws)을 제정하여 시민들에게 이를 통해 사회적 병폐에 대처할 수 있도록 하였다. 통계를 보면 1919년까지 41개 주들이 자신들의 국경선 안에서 홍등가 지구를 폐쇄하기 위한 법률을 제정하였다. 아이오와(Iowa)주와 캔자스(Kansas)주의 금주법률(Liquor Abatement Law)을 모델로 한 홍등가철폐법령(Red Light Abatement ordinances)은 형사소추를 개시하지 않은 정부나 공공기관을 대신하여 사인소송으로 생활방해금지소송을 제기할 때 보통법(the common law)에서 요구하던 전제조건이었던 "특별손해(special injury)"의 요건을 제거하였다. 즉 보통법에서와는 달리

---

11) 239 U.S. 394. 411 (1915) "And the only limitation upon the power was stated to be that the power could not be exerted arbitrarily or with unjust discrimination. There was a citation of cases. We think the present case is within the ruling thus declared."

12) Peter C. Hennigan, Property War : Prostitution, Red-Light Districts, and the Transformation of Public Nuisance Law in the Progressive Era, 16 Yale J. L. & Human. 123, 125-26 (2004).

홍등가철폐법령(Red Light Abatement ordinances)에서 사인은 특별손실이 없더라도 생활방해금지법(the Public Nuisance Laws)에 따른 사인소송을 제기할 수 있게 된 것이다. 개혁기(the Progressive Era) 시대의 이러한 생활방해금지법에 대해서는 광범한 개혁의 폭넓은 지지도 있었지만 이러한 개혁에 반대하는 사람들은 생활방해금지법을 제정함으로써 공법과 사법의 구별이 모호하게 되었다는 점과 시민의 자유권과 절차적 기본권에 의한 보호를 위협하게 되었다는 점을 강력하게 비판하였다.[13)]

이러한 우려에도 불구하고 개혁주의자들은 입법부들이 그러한 장애들을 제거할 수 있도록 설득하였고 1920년대 초까지 생활방해금지법이 확산됨에 따라 거의 모든 홍등가구역이 미국에서 사라졌다. 하지만 매춘과 같은 불법행위 자체가 모두 사라진 것은 아니어서, 보다 은밀한 방법으로 흑인밀집주거지역을 중심으로 암암리에 이루어지게 되었다.[14)] 홍등가철폐법령(Red Light Abatement ordinances)의 합법성이 연방법원에 제기된 것은 없었지만 이러한 입법권의 확대는 궁극적으로 생활방해금지법률의 적정 한계를 사법부가 다루어야만 하는 상황으로 전개되었다.

Mugler v. Kansas 판결[15)]과 일련의 다른 판결들에 의하여 미국의 주정부나 기타 지방자치단체들이 전통적으로 그들의 규제권의 행사와 재산권을 규율

---

13) Thomas C. Mackey, Red Lights Out : A Legal History of Prostitution, Disorderly Houses, and Vice Districts, 1870-1917, 126-27 (1987), Bryan M. Seller, Moving From "Broken Window" to Healthy Neighborhood Policy : Reforming Urban Nuisance Law In Public and Private Sectors, 92 Minn. L. Rev. 883, 89-90 (2008)에서 재인용.

14) Peter C. Hennigan, Property War : Prostitution, Red-Light Districts, and the Transformation of Public Nuisance Law in the Progressive Era, 16 Yale J. L. & Human. 123, 127 (2004).

15) 123 U.S. 623 (1887).

함에 있어 상당히 광범위한 재량권을 가진다는 것이 명백해졌다. 하지만 사법심사권의 적용이 없는 자치권의 행사는 때로는 위험할 수 있었다. 주정부들은 생활방해금지법(the Public Nuisance Laws)을 이용하여 전통적 형법의 범위에서는 벗어나는 범죄행위에 대해 가처분을 구할 수도 있었으며 종종 가처분을 구하기도 했다. 실제 생활방해금지법(the Public Nuisance Laws)에 관한 소송의 대부분은 도시의 질서위반죄와 관련된 경우가 많았다.[16)]

4. 개혁기 이후(1920년대 이후)

이른바 미국에서 개혁기가 지난 이후 입법부에 대한 사법부의 절대적 존중의 원칙(the standard of absolute legislative deference)은 한걸음 물러서게 되었고 생활방해금지법에 대한 중요한 개념적 그리고 헌법적 한계를 확립하였다. 비록 사법심사의 원칙이 제한적으로 적용되기는 하였지만 홈즈 대법관(Justice Oliver Wendell Holmes, Jr.)은 오늘날에도 이러한 원칙들이 많이 적용될 수 있도록 하였다.[17)]

생활방해금지법(the Public Nuisance Laws) 관련 소송에서 인정되었던 강력한 금지처분(injunctive measures)은 법원들이 창조적인 생활방해금지 법률들에 대해 의혹을 가지게 하기에 충분하였다. 1922년 연방대법원 Pennsylvania Coal Co. v. Mahon 판결[18)]은 원고들이 "주법에 의거하여 인근

16) William L. Prosser & W. Page Keeton, The Law Of Torts, 644 (5th ed. 1984).

17) Bryan M. Seller, Moving From "Broken Window" to Healthy Neighborhood Policy : Reforming Urban Nuisance Law In Public and Private Sectors, 92 Minn. L. Rev. 883, 890 (2008).

18) 260 U.S. 393 (1922).

주거지역의 침하를 초래할 수 있는 방법에 의한 무연탄 채광의 금지를 요구하는 금지처분"을 구하는 것이었다.[19] 홈즈 대법관은 기존의 보통법에 근거하여 볼 때 한 개인의 주거지에 대한 손해는 비록 같은 손해가 다른 장소들에서 다른 사람들에게 일어난다고 가정하더라도 공공생활방해(public nuisance)에 해당하는 것이 아니라고 하면서 이를 전통보통법에서 인정하는 공공생활방해(public nuisance)의 범위를 벗어난 것으로 보았다. 그리고 이것을 적법한 규제권 행사의 범위를 이탈한 것으로 보아 지반의 침하를 가져오는 방법에 의한 무연탄의 채광을 금지한 항소법원의 판결을 파기하였다.[20]

홈즈 대법관은 이 판결을 통하여 오늘날의 생활방해금지법에 많은 영향을 주었다. 비록 주정부나 기타 지방자치단체가 재산권을 규제하는 경우에는 광범위한 재량권이 인정되지만 법원은 전통적 보통법에서의 생활방해 개념에서 연유한 생활방해금지법의 제 규정에 의혹을 가져야 한다는 것이다.[21]

Holmes 대법관에 대한 반대 의견으로 Brandeis 대법관이 생활방해 예외를 인정하면서 이 사건은 수용에 해당하지 않는다고 하였다는 사실은 유의할 필요가 있다.[22] Mahon 판결이 있은 지 6년 이후인 1928년 Miller v. Schoene 판결에서 Holmes 대법관 자신도, 주정부가 주위의 사과나무들에 전염병이 확산되는 것을 방지하기 위하여 감염된 삼나무를 파괴하도록 명하

---

19) Ibid. 412-13.

20) Ibid. 415-16.

21) Bryan M. Seller, Moving From "Broken Window" to Healthy Neighborhood Policy : Reforming Urban Nuisance Law In Public and Private Sectors, 92 Minn. L. Rev. 883, 890 (2008).

22) Pennsylvania Coal Co. v. Mahon, 260 U.S. 393, 417 (1922) "But restriction imposed to protect the public health, safety or morals from dangers threatened is not a taking. The restriction here in question is merely the prohibition of a noxious use."

는 것은 Virginia 주정부의 정당한 규제권의 행사로 보상을 요하는 수용에 해당하지 않는 생활방해 예외에 속한다고 하였다.[23)]

1987년 Keystone Bituminous Coal Ass'n v. DeBenedictis 판결에서 생활방해 예외를 적용하여 연방대법원은 Pennsylvania 주의 규정들은 규제적 수용에 해당하지 않는다고 하였다. 즉 지표면의 침하를 방지하기 위해 기존 광구의 채광을 제한하는 토지사용제한은 이것으로 국민 전체가 혜택을 보았으므로 수용이 아니라고 하였다.[24)] 미국에서는 생활방해 예외와 비슷한 것으로 필요에 의한 파괴(Destruction by Necessity)에 대해서도 보상을 요하지 않는다고 한다. 즉 소방관이 화재를 진화하거나 확산을 방지하기 위해 이웃의 재산을 파괴하는 경우에는 국가의 보상을 요하지 않는다고 한다.[25)]

제3절 편익의 균등 상호성(Average Reciprocity of Advantage)

앞에서 기술한 바와 같이 Holmes 대법관이 규제적 수용(the regulatory takings)의 개념을 Pennsylvania Coal Co. v. Mahon 판결[26)]에서 고안했을 때 그는 또한 "희생의 균등(equality of sacrifices)"을 기초로 하여 축소하는

23) Miller v. Schoene, 276 U.S. 272, 279-80 (1928) "And where the public interest is involved preferment of that interest over the property interest of the individual, to the extent even of its destruction, is one of the distinguishing characteristics of every exercise of the police power which affects property."

24) 480 U.S. 470, 491 (1987) "As the cases discussed above demonstrate, the public interest in preventing activities similar to public nuisances is a substantial one, which in many instances has not required compensation."

25) Caltex, Inc. v. U.S. 344 U.S. 149 (1952).

26) Pennsylvania Coal Co. v. Mahon, 260 U.S. 393 (1922).

요소를 제공했다. 앞의 판결이 있기 8년 전 Plymouth Coal Co. v. Pennsylvania 판결[27]은 Pennsylvania州議會에서 광산에서 사용하는 갱목을 이웃 토지의 경계선을 따라 놓아두도록 규정하였는데, 그것은 이웃 광구에서 일하는 광부들의 안전을 확보하기 위한 것으로 재산권의 수용에는 해당하지 않는 적법한 것이라 판결한 것이다. Holmes 대법관은 이 규정에 의해 부담을 받는 광구의 소유자들이 한편으로는 이 규정에 의해 혜택을 받는다는 사실이 "편익의 균등 상호성"을 확보한다고 설명하고 있다.[28] Brandeis 대법관은 주의 권한이 이웃의 토지에 혜택을 주기 위해 행사되는 경우에는 "편익의 균등 상호성"이 중요 고려사항이며 필수적일 수도 있다고 하였다.[29]

Brennan 대법관은 보다 확대된 상호성(reciprocity)의 개념을 Penn Central Transportation Co. v. New York City 판결[30]에서 사용하였다. 그는 문제의 유적지보호법령이 다른 사람들보다 몇몇 토지권 보유자들에게 더 많은 부담을 준다는 것을 인정하면서도 몇몇 토지권 보유자들만 부담을 지고 피해를 입는다는 주장에 대해서는 동의하지 않았다. 그는 "유적지를 보호한다는 것은 경제적으로, 그리고 시 전체의 삶의 질을 향상시킴으로써 모든 New York 시민들과 모든 건축물들에 혜택을 주는 것이다."[31]라고 판시해 정부는 공동체의 다른 개인들이 혜택을 입은 부분과 같은 사회적 혜택의 부분만을

---

27) 232 U.S. 531 (1914).

28) Pennsylvania Coal Co. v. Mahon, 260 U.S. 393, 415 (1922).

29) Ibid. 422 "an important consideration, and may even be an essential, where the State's power is exercised for the purpose of conferring benefits upon the property of a neighborhood."

30) 438 U.S. 104 (1978).

31) Ibid. 134. "the preservation of landmarks benefits all New York citizens and all structures, both economically and by improving the quality of life in the city as a whole."

피해를 본 토지보유자들에게 제공하면 되는 것으로 보았다.

Keystone Bituminous Coal Ass′n v. DeBenedictis 판결에서도 미국 연방대법원은 “비록 우리가 그런 규제들에 의해서 어느 정도 부담을 받지만 우리는 다시 다른 사람들에게 부과된 규제들에 의해 혜택을 받기도 한다.”[32)]라고 하여 편익의 균등 상호성을 여전히 하나의 유효한 분석도구로 인정하고 있다.

제4절 공지의 법칙(the Notice Rule)

앞에서는 일정한 규제가 시행되어 토지권보유자들이 부담을 지게 되더라도 그 동시에 그 규제로 말미암아 토지권보유자가 혜택을 본다면 규제적 수용에 해당하지 않는다는 “편익의 균등 상호성”을 살펴보았다. 이제는 해당 규제의 시행시기와 토지권보유자의 土地權 取得時期를 기준으로 하여 어느 시점의 규제가 과도한 것이 되어 수용으로 인정될 것인가 하는 문제를 살펴보고자 한다.

미국의 사법부에서는 토지규제권자들과 규제의 대상자들 사이의 분쟁을 해결하기 위하여 이른바 공지의 법칙을 많이 적용했다. 이 법칙은 재산권자들이 재산을 소유할 때에 규제가 이미 널리 알려져 있는 상태라면, 재산권자들이 규제의 부담을 이미 알고 재산권을 취득하였기 때문에 규제적 수용의 주장을 할 수 없다는 것이다. 같은 맥락에서 미국 법원들은 이미 존재하던

---

32) 480 U.S. 470, 491 (1987) “[w]hile each of us is burdened somewhat by such restrictions, we, in turn, benefit greatly from the restrictions that are placed on others.”

규제에 한층 강화된 규제를 추가하는 경우에도 규제적 수용의 주장을 할 수 없도록 하고 있다.[33] 이 원칙을 인정하는 논거는 재산권자들이 재산권을 취득하기 이전에 이미 알고 있거나 알고 있었을 조건들을 다투는 쟁송은 법에서 허용할 수 없다는 것이다. 경제적 측면에서도 규제가 시행된 후의 부동산 가격은 이미 규제의 부담을 반영하고 있기 때문에 규제 후의 재산권 취득권자들이 수용의 주장을 하지 못하도록 해야 한다는 것이다.[34]

미국 연방대법원은 1984년 Ruckelshaus v. Monsanto 판결[35]에서 규제법규가 시행된 이후에는 당사자들에게 이미 규제가 알려져 있었기 때문에 당사자가 법률적 금지에도 불구하고 규제된 행위를 행하는 것은 당사자의 "이성적인 투자에 바탕을 둔 기대(reasonable investment-backed expectation)"를 저버린 것이라 할 수는 없다고 판시하여 규제적 수용이라는 주장을 거부하였다. 유의해야 할 것은 규제의 시행일은 반드시 절대적인 기준이 되는 것은 아니라는 점이다. 미국 연방대법원은 1987년의 Nollan v. California Coastal Commission 판결[36]에서는 원고가 문제의 토지를 구입하기 10여 년 전에 이미 주정부는 해안개발규제계획을 발표한 것이었지만, 해당 규제들로 인한 재산가치의 손실은 차후의 새로운 재산권자들에 의해서만 인식될 수 있기 때문에 주정부가 손실을 보상해 주어야 한다고 판시하였다. 즉 Ruckelshaus 판결과는 달리 Nollan 판결에서 미국 연방대법원은 차후의 재산취득자들이 자신이 토지를 취득할 당시에 이미 관련규제가 시행되고 있었다는 사실만으

---

33) David Hyms, When Good is bad : Good v. United States and Reasonable Investment-Backed Expectations, 28 Ecology L.Q. 431, 444 (2001).

34) Loveladies Harbor v. United States, 28 F.3d 1171 (Fed. Cir. 1994).

35) 467 U.S. 986, 1006 (1984).

36) 483 U.S. 825 (1987).

로 규제가 공지되어 있었다고는 할 수 없다고 판시한 것이다.

미국 연방대법원은 2001년 Palazzolo v. Rhode Island 판결[37]에서 주정부는 재산권자들이 재산권에 대한 제한을 알고 난 후에 재산권을 취득하였다는 사실만으로 관련규제가 시행된 후, 재산권취득자들의 수용의 주장들을 자동적으로 금지하는 것은 아닌 것으로 판시해서 공지의 원칙을 일률적으로 적용하는 것을 거부하였다. 그러나 여전히 일정한 요건 하에서는 규제가 이미 시행되어 이를 알고 재산권을 취득한 사람들에게는 規制的 收用을 인정해 주지 않는다고 하겠다.

제5절 임시적 수용(Temporary Takings)

미국 연방대법원은 재산권에 대한 침해행위나 규제행위에 시간적 요소를 첨부하여 시간적으로 영구적이지 않고 일시적으로 침해하거나 규제하는 경우에는 임시적 수용으로 보아 보상을 요하는 수용에 해당하지 않는다고 보고 있다. 미국 연방대법원은 1980년 PruneYard Shopping Center v. Robins 판결[38]에서 비록 개인의 재산권에 대한 직접적, 물리적 침해가 있더라도 그 침해가 임시적이거나 일시적인 것에 지나지 않는 경우에는 정당보상을 요하지 않는다고 판시하였다. 즉 재산권에 대한 침해가 본질적으로 "임시적이고 제한적인 것(temporary and limited in nature)"일 때에는 보상이 필요하지 않다는 것이다. 이 판결은 직접·물리적 수용에서 임시적 수용

37) 121 S. Ct. 2448 (2001).

38) 447 U.S. 74 (1980).

을 인정하지 않은 판결례라고 할 수 있을 것이다.

규제적 수용에서의 임시적 수용이 보상을 요하는 수용에 해당하는지, 얼마나 오랜 기간 동안 토지사용을 제한하는 것이 규제적 수용에 해당하는지에 대해서는 여러 학설과 논의가 있었다. 특히 연방대법원이 1987년에 First English Evangelical Lutheran Church of Glendale v. County of Los Angeles 판결을 한 이후로 그 논쟁이 한층 더했다고 할 수 있을 것이다. 이 판결에서 연방대법원은 헌법상의 수용규정에 의해 규정의 효력이 발효한 이후 그 규정이 위헌이라고 선언되어 효력을 잃은 경우, 시행일과 위헌선고일 사이의 기간 동안에 대한 보상을 요하는가를 다루었다. 연방대법원은 그 규정이 만약 수용에 해당한다면 보상을 요한다고 판결하였다.[39] 엄격히 해석하면 이 판결은 이른바 규제적 수용의 법적 구제수단을 다룬 것으로, 연방수정헌법 제5조가 자기집행력을 가진 조항임을 인정하면서 규제적 수용에 대해서도 직접·물리적 수용과 마찬가지로 금전적 손실보상을 해 주어야 한다는 것을 명확히 한 것이다.[40]

이 판결의 또 다른 측면은, 연방대법원이 임시적 수용의 타당성에 대해서도 다루었는데, 만약 이 사건과 같은 임시적 수용이 토지권 보유자의 그 재산에 대한 모든 유용한 사용권을 부정하는 것이라면 이것은 헌법상의 보상을 요구하는 영구적 수용과 다른 종류의 것은 아니라고 판결한 것이다.[41]

미국 연방대법원은 2002년 4월 23일에 있었던 Tahoe-Sierra preservation

39) 482 U.S. 304, 321 (1987).

40) 박윤흔, "미국에 있어서의 손실보상평가의 기준", 미국헌법연구 제4호(1993), 106면.

41) 482 U.S. 304, 318 (1987) "These cases reflect the fact that "temporary" takings which, as here, deny a landowner all use of his property, are not different in kind from permanent takings, for which the Constitution clearly requires compensation."

council, Inc. v. Tahoe regional planning agency 판결[42]에서 32개월간 잠정적으로 상업적 사용을 금지하는 개발유예처분(moratoria)에 대해서는 규제적 수용에 해당하지 않는다고 판시하여 임시 규제적 수용을 제한하는 법리를 확인한 바 있다.

제6절 부차적 수용(Derivative Takings)

미국에서 부차적 수용의 문제는 수용의 외부효과와 관련이 있는 문제라고 할 수 있다. 이 문제는 1946년의 United States v. Causby 판결에서 잘 나타난다. 이 사건에서 원고들은 자신의 집들 위로 비행기의 항로를 정하는 것은 자신의 재산에 대한 수용에 해당한다고 주장하였다. 이에 대해서 William O. Douglas 대법관은 정부가 항로를 정하는 것은 토지재산권 보유자의 공중권에 대해 지역권을 설정하는 행위에 해당하는 것이지만, 비행항로의 바로 밑에 놓여 있는 토지의 보유자들에게만 항로 설정으로 인한 물리적인 침해가 있었기 때문에 연방수정헌법 제5조에 의한 보상을 받을 수 있다고 하였다. 주변 토지의 보유자들은 같은 정부의 행위로 본질적으로 동일한 해악을 입었지만 그들의 토지는 물리적 침해를 입지 않았기 때문에 보상의 대상에서 제외된다고 하였다.[43]

이러한 Causby 판결의 결과는 어떤 측면에서 보면 공정하지도 효율적이지도 않다는 비판이 있다.[44] 같은 피해를 입은 토지권 보유자의 입장에서 보면

42) 122 S. Ct. 1465 (2002).

43) 328 U.S. 256, 260 (1946).

항로에 대한 토지의 위치는 부적절하고 자의적인 것이다. 동일한 소음에 시달리더라도 항로에서 1인치라도 벗어나서 놓여 있는 이웃 토지는 전혀 보상을 받지 못하는 데 비해 직접·물리적 침해가 있는 토지만이 완전 보상을 받는다는 것은 너무 불공평하다 할 것이다. 하급심 법원들은 보상을 명하기 위해서는 직접·물리적 침해 이외에 저고도로 비행하는 상태일 것을 요구하기도 한다.[45]

한편, 정부가 수용으로 인정될 수 있는 정책이나 결정에 관련된 비용의 일부를 사적 재산의 소유자들에게 전가시킴으로써 정부정책들의 적정성과 비용효율성의 계산이 부정확하게 이어질 수 있기 때문에 이러한 결과는 비효율적이다. 이러한 문제는 물리적 수용의 경우에 흔히 발견된다. 예를 들면, 정부가 도로를 건설하려고 토지를 수용하는 경우 정부는 도로가 지나가는 토지의 보유자에게만 보상을 하면 된다. 이웃 토지의 보유자들은 그들 토지의 가치의 하락에 대해서는 비록 그 가치의 하락이 정부의 수용권의 발동으로 직접적으로 일어난 경우라 하더라도 보상을 받을 수가 없다. 미국 연방대법원도 95%의 재산가치를 손실한 경우에는 전혀 보상을 받지 못하지만 재산이 완전히 상실된 경우에는 완전보상을 받게 된다고 하고 있다. 이러한 결과는 재산의 가치가 5% 정도 감소한 경우에는 전혀 보상을 받지 못하지만 자신의 땅이 전부 수용되는 경우에는 완전보상을 받게 되는 총체적으로 불공평한 결과를 가져온다고 하고 있다. 결국 미국에서는 수용에 관한 법은 "전부 아니면 전무"의 상황들("all-or-nothing" situations)로만 가득 차 있다.[46]

---

44) Frank I. Michelman, Property, Utility, and Fairness : Comments on the Ethical Foundations of "Just Compensation" Law, 80 Harv. L. Rev. 1165, 1170 (1967).

45) Saul Levmore, Takings, Torts, and Special Interests, 77 Va. L. Rev. 1333, 1352-53 (1991).

46) Lucas v. South Carolina Coastal Council, 505 U.S. 1003, 1019 (1992).

부차적 수용(derivative takings)은 수용이 그 주변의 재산가치를 저하시키는 경우에 나타나는 것이라고 할 수 있다. 부차적 수용은 다른 수용 유형들의 혼합체라고 할 수 있다. 재산을 물리적으로 몰수하지는 않고 재산의 가치를 저하시킨다는 점에서는 규제적 수용과 유사하지만, 부차적 수용은 홀로 나타나지 않고 항상 물리적 수용이나 규제적 수용과 더불어서 나타난다는 점에서 다르다. 미국에서는 부차적 수용에 대해 완전보상을 해 주면 집행의 곤란성과 정보의 부적절성의 문제에 봉착하게 될 것이라는 우려의 목소리가 있다. 첫째, 법원의 판단을 받기 위해 많은 새로운 수용 관련 사건들이 제기되면 사법체계 자체가 붕괴되고 말 것이라는 우려의 목소리가 있다. 둘째, 정부가 피해집단의 정확한 범위와 피해의 정도에 관한 충분한 정보를 보유할 수 없다는 것이다.[47] 여기서 부차적 수용은 의도하지 않은 침해라는 측면에서 독일에서 논의되고 있는 수용적 침해이론과 유사하지만 헌법상 정당보상을 요하지 않는 것으로 보는 것이 차이점이다.[48]

제7절 묵시적 유사보상이론(Implicit in-kind compensation)

묵시적 유사보상이론이란 정부가 범죄수사나 행정조사 등으로 인해 피조사기관이 이에 협조해야 하지만 이러한 협조로 인하여 발생하는 비용이나 강제제출된 증거물 등은 보상을 요하는 수용에 해당하지 않는 것을 말한다. 다른

47) Abraham Bell and Gideon Parchomovsky, Essay : Takings Reassessed, 87 Va. L. Rev. 277, 281-2 (2001).

48) 박균성, 행정법론(상)(박영사, 2002), 672-73면.

사람의 물건도 장래의 다른 소송에서 상대방에 대한 정당보상 없이 증거로 사용할 수 있다는 묵시적 보상이론에 의해서 정당보상을 요하는 수용에 해당하지는 않는다고 한다. 즉 강제 제출된 물건의 비용은 다른 사건들에서 다른 사람들의 물건을 증거로 사용할 수 있는 기회에 의해서 상쇄된다고 하겠다.[49)]

미국 연방대법원은 Hurtato 판결[50)]에서 "연방수정헌법 제5조는 이미 부담하고 있는 공의무를 이행하는 것에 대해 정부가 보상할 것을 요하지는 않는다. … 증거를 제출할 공적의무가 있는 것은 의심의 여지가 없다. … 이 의무는 아무리 재정적으로 부담스럽다 하더라도 지속된다고 할 것이다. … 주요 증인을 감금하는 것은 연방수정헌법 제5조의 수용에 해당한다고 할 수 없으며 그에 대한 보상수준의 문제는 헌법적 문제에 해당하지 않는다."라고 판시하였다.[51)] 이렇게 공권력에 의해서 강제제출된 증거들에 대해 보상을 하지 않는 것은 다음의 판례에서도 확인된다. 미국의 연방국세청(IRS)은 조사 중인 납세자 몇 명의 관련기록을 제출할 것을 몇몇 은행에 요구하였다. 은행들은 자신들의 비용으로 그러한 기록을 찾아 제출하게 하는 것은 연방수정헌법 제5조의 수용에 해당하는 것이라고 주장하였지만 연방 제2심법원에서 "연방수정헌법 제5조의 수용주장은 연방대법원의 Hurtado 판결에 의

---

49) Gary Lawson and Guy Seidman, Taking Notes : Subpoenas and Just Compensation, 66 U. Chi. L. Rev. 1081, 1085 (1999).

50) 410 U.S. 578 (1973).

51) Ibid. 588-89. "But the Fifth Amendment does not require that the Government pay for the performance of a public duty it is already owed. … It is beyond dispute that there is in fact a public obligation to provide evidence, … and that this obligation persists no matter how financially burdensome it may be … the detention of a material witness, in short, is simply not a "taking" under the Fifth Amendment, and the level of his compensation, therefore, does not. as such. present a constitutional question."

해 금지된다."라고 판시하여 간략히 그 주장을 받아들이지 않았다.[52)]

州大法院 판결례를 하나 더 소개하면, 원고의 건물이 화재에 의해서 손해를 입었을 때 주법원에서는 방화범의 조사와 증거확보를 위해서 그 건물을 폐쇄할 것을 명령하였다. 원고들은 건물을 개조하여 매각하기 위해서 건물 폐쇄명령을 취소해 줄 것을 법원에 요구하였다. 법원은 원고의 요구를 거절하고 관련조사가 다 끝난 후 그 건물을 원고에게 반환하였다. 원고들은 이에 임시적 수용에 해당한다고 주장하면서 소송을 제기하였다. New Hampshire 州 大法院은 연방대법원의 Hurtado 판결과 연방법원의 판결들을 인용하면서 이와 같은 원고들의 주장을 받아들이지 않았다.[53)]

제8절 소결

미국에서 정부의 토지규제권의 행사에 대해 토지권 보유자는 미국 연방수정헌법 제5조의 수용(takings)의 법리와 미국 연방수정헌법 제5조와 제14조의 적법절차(due process)의 법리에 근거하여 문제의 토지규제를 공격할 수 있다. 실체적 적법절차(substantive due process)는 연방헌법상 수용의 규정보다는 재산권규정과 좀 더 밀접한 관련을 가지는 조항이라고 할 수 있을 것이다.[54)]

52) United States v. Friedman, 532 F2d 928 (3d Cir. 1976). Ibid. 935 ("Any fifth amendment … taking contention would seem to be foreclosed by the Supreme Court's decision in Hurtado.")

53) Soucy v. State, 127 NH 451, 506 A2d 288 (1985).

54) Robert Meltz, Dwight H. Merriam, Richard M. Frank, The Takings Issue, 17-18 (1999).

미국에서 규제적 수용이 인정된 이후에도 정당한 규제권의 행사로서 뉴센스 예외가 일반적으로 받아들여지고 있다. 사회적 위해인 뉴센스를 규제하기 위한 정부 규제권의 발동은 유효한 것으로 규제적 수용에 해당하지 않는다는 것이다. Mugler v. Kansas 판결[55)]과 일련의 다른 판결들에 의하여 미국의 주정부나 기타 지방자치단체들에서는 전통적으로 그들의 규제권의 행사와 재산권을 규율함에 있어 상당히 광범위한 재량권을 가진다는 것이 명백해졌다. 편익의 균등 상호성(Average Reciprocity of Advantage)은 Plymouth Coal Co. v. Pennsylvania 판결[56)]은 Pennsylvania州議會에서 광산에서 사용하는 갱목을 이웃 토지를 따라 놓아두도록 규정하였는데, 이것은 이웃 광구에서 일하는 광부들의 안전을 확보하기 위한 것으로 재산권의 수용에는 해당하지 않는 적법한 것이라고 판결한 것이다. Holmes 대법관은 이 규정에 의해 부담을 받는 광구의 소유자들이 또한 이 규정에 의해 혜택을 받는다는 사실이 "편익의 균등 상호성"을 확보한다고 설명하고 있다.[57)] 이 원칙은 Brandeis 대법관을 거쳐 Brennan 대법관이 보다 확대된 상호성(reciprocity)의 개념을 Penn Central Transportation Co. v. New York City 판결[58)]에서 확대 발전시켰다. 그는 "유적지를 보호한다는 것은 경제적으로 그리고 시 전체 삶의 질을 향상시킴으로써 모든 New York 시민들과 모든 건축물들에 혜택을 주는 것이다."[59)]라고 판시했다. Keystone Bituminous Coal Ass′n

55) 123 U.S. 623 (1887).

56) 232 U.S. 531 (1914).

57) Pennsylvania Coal Co. v. Mahon, 260 U.S. 393, 415 (1922).

58) 438 U.S. 104 (1978).

59) Ibid. 134. "the preservation of landmarks benefits all New York citizens and all structures, both economically and by improving the quality of life in the city as a whole."

v. DeBenedictis 판결[60]에서도 편익의 균등 상호성을 여전히 하나의 유효한 분석도구로 인정하고 있다.

"공지의 원칙(the Notice Rule)"은 해당 규제의 시행시기와 토지권보유자의 土地權 取得時期를 기준으로 하여 어느 시점의 규제가 과도한 것이 되어서 수용으로 인정될 것인가 하는 문제로, 재산권자들이 재산을 소유할 때에 규제가 이미 널리 알려져 있으면 재산권자들은 규제의 부담을 이미 알고 재산권을 취득하였기 때문에 규제적 수용의 주장을 할 수 없다는 것이다. 이미 존재하던 규제에 한층 강화된 규제를 추가하는 경우에도 규제적 수용의 주장을 할 수 없도록 하고 있다.[61] 미국 연방대법원은 1984년 Ruckelshaus v. Monsanto 판결[62]에서 규제법규가 시행된 이후에는 당사자들에게 이미 규제가 알려져 있었기 때문에 당사자가 법률적 금지에도 불구하고 규제된 행위를 행하는 것이 당사자의 "이성적인 투자에 바탕을 둔 기대(reasonable investment-backed expectation)"를 저버린 것이라고는 할 수 없다고 판시하여 규제적 수용이라는 주장을 거부하였다. 미국 연방대법원은 2001년 Palazzolo v. Rhode Island 판결[63]에서 주정부는 재산권자들이 재산권에 대한 제한을 알고 난 후에 재산권을 취득하였다는 사실만으로 관련 규제가 시행된 후 재산권취득자들의 수용의 주장들을 자동적으로 금지하는 것은 아니라고 판시해서 공지의 원칙을 일률적으로 적용하는 것은 거부하였다. 하지만 여전히 일정한 요건 하에서는 규제가 이미 시행되어서 이를 알고 재산권을 취득한 사람들에

60) 480 U.S. 470, 491 (1987) "[w]hile each of us is burdened somewhat by such restrictions, we, in turn, benefit greatly from the restrictions that are placed on others."

61) David Hyms, When Good is bad : Good v. United States and Reasonable Investment-Backed Expectations, 28 Ecology L.Q. 431, 444 (2001).

62) 467 U.S. 986, 1006 (1984).

63) 121 S. Ct. 2448 (2001).

게는 規制的 收用을 인정해 주지 않는다고 하겠다.

재산권에 대한 침해행위나 규제행위에 시간적 요소를 첨부하여 시간적으로 영구적이지 않고 일시적으로 침해하거나 규제하는 경우에는 임시적 수용으로 보아서 보상을 요하는 수용에 해당하지 않는다고 보고 있다. 미국 연방대법원은 1980년 PruneYard Shopping Center v. Robins 판결[64]에서 비록 개인의 재산권에 대한 직접적 물리적 침해가 있더라도 그 침해가 임시적이거나 일시적인 것에 지나지 않는 경우에는 정당보상을 요하지 않는다고 판시하였다. 즉 재산권에 대한 침해가 본질적으로 "임시적이고 제한적인 것(temporary and limited in nature)"일 때에는 보상이 필요하지 않다는 것이다. 미국 연방대법원은 2002년 4월 23일에 있었던 Tahoe-Sierra preservation council, Inc. v. Tahoe regional planning agency 판결[65]에서 32개월간 잠정적으로 상업적 사용을 금지하는 개발유예처분(moratoria)에 대해 이것이 규제적 수용에 해당하지 않는다고 판시하여 임시 규제적 수용을 제한하는 법리를 확인한 바 있다.

부차적 수용의 문제는 수용의 외부효과와 관련이 있다고 보고 1946년의 United States v. Causby 판결에서 다루고 있다. 비행 항로의 바로 밑 토지의 보유자와는 달리 주변 토지의 보유자들은 같은 정부의 행위로 본질적으로 동일한 해악을 입었지만 그들의 토지에 대한 물리적 침해가 없었기 때문에 보상의 대상에서 제외된다고 하였다.[66] 묵시적 유사보상이론이란 정부가 범죄수사나 행정조사 등을 행할 때 피조사기관은 이에 협조해야 하지만

64) 447 U.S. 74 (1980).

65) 122 S. Ct. 1465 (2002).

66) 328 U.S. 256, 260 (1946).

이러한 협조로 인하여 발생하는 비용이나 강제 제출된 증거물 등은 보상을 요하는 수용에 해당하지 않는다는 것이다.[67] 미국 연방대법원은 Hurtato 판결[68]에서 공권력에 의해서 강제제출된 증거들에 대해 보상을 하지 않았다. 연방 제2심법원에서는 "연방수정헌법 제5조의 수용주장은 연방대법원의 Hurtado판결에 의해서 금지된다."라고 판시하여 간략하게 그러한 주장을 받아들이지 않았다.[69]

조사에 의하면 1979년에서 1994년까지 미국 연방대법원은 15건의 수용관련 사건들을 판결하였는데 그 중 5건만이 재산권보유자 등에 유리한 판결이었다고 한다. 또 1990년에서 1995년까지 5개 주대법원들의 판결을 분석해 본 결과에 의하면, 52개의 수용관련판결들 중 5건만이 토지권보유자에 유리한 판결들로 약 9.6%의 승소율을 나타내고 있다. 주나 지방정부 차원에서 실시한 늪지나 범람지역에 관한 토지사용규제가 규제적 수용에 해당한다고 본 사례는 더욱 적다. 1994년 한 해만을 기준으로 했을 때는 미국의 각급 법원들에서는 약 400건 이상의 규제적 수용 관련 판결들이 있었는데 그 중 30개의 판결만이 수용에 해당된다는 것이었다. 이러한 통계만을 참고로 한다면 미국에서 규제적 수용은 그렇게 매력적인 논거가 되지는 않는 것 같다. 오히려 각 주정부들에서 개인토지보유자들을 보다 적극적으로 보호하는 많은 법률들을 제정함으로써 소송에서 패할 확률을 낮추고 있다고 할 수도 있을 것이다.[70]

---

67) Gary Lawson and Guy Seidman, Taking Notes : Subpoenas and Just Compensation, 66 U. Chi. L. Rev. 1081, 1085 (1999).

68) 410 U.S. 578 (1973).

69) United States v. Friedman, 532 F2d 928 (3d Cir. 1976). Ibid. 935 ("Any fifth amendment … taking contention would seem to be foreclosed by the Supreme Court′s decision in Hurtado.")

70) 졸고, "임시적 수용". 토지공법연구 제18집(2003) 547-48면 참조.

제6장

간접수용관련사례분석

이 장에서는 NAFTA의 구조 속에서 간접수용에 관한 실례를 살펴보고자 한다. 이는 곧 한·미 자유무역협정문에 나타난 간접수용이 정부규제권에 어떠한 영향을 미칠 것인가를 알아보기 위한 것이다.

제1절 Metalclad Corporation v. United Mexican States

미국 폐기물처리회사 Metalclad Corporation은 멕시코 San Luis Potosi주 Guadlcazar에 멕시코회사가 운용하던 위험폐기물처리장을 취득하였는데 이 폐기물처리장의 운영을 위해서는 멕시코 연방 정부의 많은 승인절차를 거쳐야 했고 그러한 승인은 이미 받았다. San Luis Potosi 주정부는 Metalclad가 폐기물처리시설을 다시 운영하려고 했을 때 운영허가를 내주지 않았다. 환경영향평가를 통하여 이 시설이 지방하천 수질오염의 원인이 된다는 것을 확인한 주지사는 폐기물처리장의 폐쇄를 명령하고 해당지역을 희귀 선인장 서식지로 희귀동식물보호구역으로 지정하였다. Metalclad는 주지사의 이러한 행위가 수용에 해당한다고 주장하면서 9천만 달러의 손실보상을 주장하였다. 이에 따라 1996년 12월 Metalclad가 멕시코정부를 NAFTA 제11장을 위반했다는 근거로 고소하였다. 중재판정부에서는 멕시코가 NAFTA 제11장을 위반한 것으로 판단하고 1천6백만 달러의 손실보상을 Metalclad에게 해줄 것을 명하였다.[1)]

중재판정부는 NAFTA에서는 직접수용뿐만 아니라 간접수용도 그 보호의

1) http://naftaclaims.com/Disputes/Mexico/Metalclad/MetalcladFinalAward.pdf.

대상에 들어간다고 하면서 손실보상을 인정한 것이다. 이에 중재판정부가 투자자의 기대를 지나치게 보호하고 투자유치국의 환경보호문제를 경시한 것은 아닌가 하는 비판이 제기되었다. 미국의 규제적 수용에서도 전통적으로 재산의 모든 가치가 떨어진 경우에 손실보상을 인정하였는데 Metalclad 사건에서는 재산의 상업적 가치가 일부 손상된 경우에도 손실보상을 요하는 것으로 보아 재산의 가치감소만으로는 수용을 증명하기 불충분하다는 미국의 규제적 수용법리와도 불일치하는 문제가 있다. NAFTA에 의하면 수용에 상당하는 행위는 보상을 요하는 것이기 때문에 광범위한 정부규제행위는 손실보상을 요하는 수용이 될 가능성이 있다. Metalclad 사건이 미국에서 규제적 수용의 경우로 보았던 토지이용규제나 환경규제에 대해 NAFTA를 이용하여 손실보상을 청구할 수 있는 길을 열었다고 평가하는 사람도 있다.[2)]

본 사건은 "간접수용"을 NAFTA 체계에서 다룬 최초의 사건이자 간접수용을 정의를 비교적 명확하게 제시하였다는 점에서 의의를 찾을 수 있다. 본 사건에서 중재판정부 패널은 NAFTA 협정에서 규정하고 있는 수용(expropriation)이 몰수와 같이 공개적이고 의도적인 재산의 수용(takings) 행위뿐 아니라 재산의 이용에 대해 은밀하게 시행하는 부수적 간섭행위도 포함하는 것이라고 정의함으로써 간접수용의 의미를 재차 확인하였다. 이러한 중재판정부 패널의 입장은 간접수용에 관련된 국제법정의 입장을 NAFTA 맥락에서 재차 확인한 것이라고 할 수 있다.[3)] 이 사건

---

2) Vicki Been & Joel C. Beauvais, The Global Fifth Amendment? NAFTA′s Investment Protections and the Misguided Quest for International "Regulatory Takings" Doctrine, 78 N.Y.U. L. Rev. 30, 33 (2003).

3) 김민호, FTA 및 BIT상 투자자보호규정들의 해석 및 적용에 관한 미국법제도연구(법제처 2007 세계법제 연구용역 보고서), 61면 참조.

에 적용한 기준은 미국법원의 규제적 수용에 관한 3가지 기준을 적용한 것으로 볼 수 있지만 이 사건이 미국법원에 제소되었을 때 멕시코 정부의 행위가 간접수용으로 인정될 것인지의 여부에 대해서는 회의적인 견해가 있다. 해당 토지를 유해폐기물의 매립지로는 사용할 수 없지만 다른 용도로 사용할 수 있으므로 경제적 효과가 상당히 침해되었다고 보기는 어렵다는 것이다. 이 경우는 경제적 재산가치의 완전한 박탈에는 해당하지 않고 재산의 물리적 침해나 양도권의 침해도 일어나지 않았기 때문이다. 이 사건은 NAFTA에서 인정하는 간접수용의 범위가 미국법원에서 인정하는 규제적 수용보다 넓은 것은 아닌가 하는 분석의 대상이 되었다.[4)]

제2절 Ethyl Corporation v. Government of Canada

이 사건의 제소자인 Ethyl Corporation은 미국 버지니아주에 소재하는 화공약품 회사로 자동차 엔진의 성능을 향상시키기 위해 사용되는 가솔린 첨가제인 특정물질(methylcyclopentadienyl manganese tricarbonyl, 이하 'MMT')을 생산하고 있었다. 이 회사가 생산한 MMT는 캐나다 소재 자회사를 통해 캐나다 국내로 수입되고 있었다. 1997년 캐나다 정부가 환경 및 공중보건 보호를 이유로 MMT의 통상 및 주간거래 금지조치를 시행하였다. 이 조치에 의해 Ethyl Corporation은 심각한 영업상 타격을 받게 되었다. 이에 1997년 4월 캐나다에 자회사를 둔 미국 버지니아주 소재 Ethyl

4) 서철원, 한·미 자유무역협정과 NAFTA와 투자보호조항 비교분석, 국제법학회논총 제53권 제1호(2008), 111면 참조.

Corporation은 캐나다 정부가 법률을 제정하여 MMT를 무연휘발유첨가제로 사용하는 것을 금지조치한 것은 캐나다 정부가 NAFTA 제11장을 위반하여 간접수용에 해당한다고 제소하였다.

이 사건을 해결하기 위해 Ethyl Corporation의 제소로 UNCITRAL Rules of Arbitration을 적용하는 NAFTA 패널이 구성되었으며, 본안심리에 들어가기에 앞서 캐나다 정부는 Ethyl Corporation이 제소절차위반을 범하였음을 이유로 동 제소를 기각하여 줄 것을 패널에 요청하였다. 즉 캐나다 정부가 취한 MMT 수입금지는 NAFTA 제11장에서 규정하고 있는 "대책(measure)"이 아니라고 하면서 수입금지조치를 발표한 후 약 6개월 유예기간을 부여하였음에도 Ethyl Corporation은 어떠한 이의제기도 없이 곧바로 NAFTA에 제소하였기에 절차상 위반이 있었고, 따라서 본 제소는 기각되어야 한다는 것이었다. 그러나 패널은 1998년 6월 24일, 캐나다 정부의 주장을 받아들이지 않고 곧바로 본안 심리를 시작하였다. 본안심리에서 캐나다 정부는 간접수용주장에 대해서 이 법률은 정부 규제권에 의한 환경과 건강을 위한 적법한 규제에 해당한다고 주장하였다. Ethyl Corporation은 이 법률의 진정한 입법목적은 캐나다 국내 산업을 보호하기 위한 것이라고 주장하였다. 특히 Ethyl Corporation은 MMT의 유일한 생산자이고 문제의 법률은 모든 MMT의 사용을 금지하는 것은 아니라 외국에서 생산된 MMT의 캐나다 시장의 접근만을 금지하는 것이므로, 캐나다 정부의 법률은 Ethyl Corporation의 캐나다 현지 생산공장의 가치를 저하시키고 미래의 판매나 회사의 명성에 손상을 입히는 것으로 간접수용에 해당한다고 주장하면서 Ethyl Corporation은 2억 5천만 달러의 손실보상을 주장하였다. 이 사건은 분쟁의 조기종결을 희망하는 양측의 타협에 따라 "법정외화해(out-of-court settlement)"로 종결되었다. 즉 캐나다 정부는 합의에 의해서 원래의 손실보상청구금액의 약 5%에 해당하는 1천3백만 달러의 합의금을 지급하였다.[5)]

법정외화해에 의해 사건이 종결되었기 때문에 NAFTA 패널의 정확한 입장확인은 불가능하나 환경보호를 내용으로 하는 투자유치국의 정책은 간접수용 분쟁의 여지를 포함하고 있으며, 이러한 투자자의 주장에 대해 투자유치국(환경보호정책의 시행국)은 국제 환경법상 일반원칙이라고 할 수 있는 사전예방 원칙을 제시하고자 시도한다는 점에서 주목할 필요가 있다. 특히 환경보호 등 공익적 분야에서 가급적 간접수용을 확인하지 않는 것이 캐나다와 미국 정부의 기본적인 입장이라는 점에서 보면 사전예방 원칙에 따른 정당화 사유 존재여부가 결국 환경관련 간접수용 분쟁에서 핵심적 역할을 담당하게 될 것으로 보인다.[6)]

제3절 Methanex Corp. v. United States

1999년 12월 3일 캐나다 회사인 Methanex Corp.은 켈리포니아주가 환경과 건강을 위해 특정물질(methyl tertiary-butyl ether, 이하 'MTBE')의 사용을 금지조치한 것은 간접수용에 해당한다고 주장하면서 미국을 상대로 중재를 주장하였다. 켈리포니아주는 MTBE가 지하수와 마시는 물의 수원을 오염시키고 따라서 인간의 건강과 안전 그리고 환경에 위해가 된다는 연구결과에 근거

5) Michael G. Parisi, Moving Toward Transparency? An Examination of Regulatory Takings in International Law, 19 Emory Int'l L. Rev. 383, 407-8 (2005).

6) 김민호, FTA 및 BIT상 투자자보호규정들의 해석 및 적용에 관한 미국법제도연구(법제처 2007 세계법제 연구용역 보고서), 60면 참조.

해서 MTBE의 사용을 금지하는 법률을 제정한 것이었다. Methanex corp.는 연구결과의 타당성을 부정하면서 손실보상금으로 9억 7천만 달러를 주장하였다. 이러한 주장에 대해 미국 법무부는, Methanex corp.의 주장을 받아들인다면 NAFTA의 어느 당사국도 정부기능을 수행하면서 발생하는 모든 경제적 영향에 대해 보상해 줄 것을 준비하지 않으면 정부의 가장 기본적인 기능도 수행할 수 없는 불합리한 상태에 도달할 수 있을 것이라고 주장하였다.[7)]

본 사건 패널은 NAFTA 제1102조, 제1105조 그리고 제1110조에 대한 자세한 판단을 유보하고 NAFTA 중재판정부 패널이 본 사건을 심리하기 위한 관할권을 갖는지 여부만을 중점적으로 판단하였다. 2005년 8월 3일 NAFTA 중재판정부에서는 이 사건을 심사한 후에 손실보상을 해 줄 필요가 없다고 하면서 오히려 Methanex corp.가 중재에 관련된 소송비용을 미국에 지급할 것을 명하였다.[8)]

본 사건의 패널은 원고가 제기한 간접수용 해당 여부를 직접적으로 판단하지 않고 원고적격 심리 차원에서 소제기의 적합성을 판단하였으나 간접수용과 관련된 중요한 시사점을 제시하고 있다. 패널은 원고적격의 대상을 특정 정부조치에 의하여 직접적 영향을 받는 외국인 투자자로 한정함으로써 무분별한 남소를 방지하는 기준을 마련하였다고 평가되며 단순히 "파급적 영향"만을 이유로 간접수용을 주장하는 경우를 배제하는 취지의 언급을 제시함으로써 간접수용 해당 기준에 대한 외연을 제시했다는 평가를 받고 있다.[9)] 이 사건은 미국법원의 규제적 수용에 관한 기준을 적용한다면

7) http://naftaclaims.com/Disputes/USA/Methanex/MethanexStatementOfDefense.pdf.

8) http://naftaclaims.com/Disputes/USA/Methanex/Methanex_Final_Award.pdf.

9) 김민호, FTA 및 BIT상 투자자보호규정들의 해석 및 적용에 관한 미국법제도연구(법제처 2007 세계법제 연구용역 보고서), 62면 참조.

NAFTA 중재판정부의 견해와는 달리 규제적 수용에 해당할 수 있다는 비판이 있다. 이 사건에서 문제가가 캘리포니아 주정부의 조치로 인하여 피해자가 입은 피해는 막대하고 영속적인 것이었으며 재산가치가 완전히 무가치로 된 경우에 해당한다고 할 수 있으므로 미국법원에서 다루어졌다면 규제적 수용에 해당할 수 있다는 것이다.[10)]

제4절 S.D. Myers Co. v. Government of Canada

미국 오하이오州 소재의 폐기물처리 회사인 S.D. Myers Co.은 1990년 캐나다 업자로부터 Polychlorinated Biphenyls(이하 'PCBs')를 수입하여 미국 내 공장에서 처리하고 있었다. 캐나다 정부가 일시적으로 잠정 명령을 발하여 자국인 캐나다 내의 PCBs 수출을 금지함에 따라 엄청난 영업상 손실을 입게 된 S.D. Myers Co.은 캐나다 정부를 NAFTA에 제소한 것이다. 당시 캐나다 연방법은 폐기물의 자국내 처리 및 처분을 규정하고 있었으며, 예외적으로 1990년 PCBs 폐기물 수출규제법을 통해 미국 환경청(EPA)이 사전 승인을 한 경우 미국 내로의 PCBs 수출을 허용하고 있었다. S.D. Myers Co.는 미국 환경청(EPA)로부터 수입허가를 받고 캐나다 정부로부터 수출승인만을 기다리고 있었지만 1995년 11월 캐나다 정부는 PCBs의 수출을 금지하는 일시적 잠정명령을 부과하였던 것이다. 본 사건을 담당한 패널에서는 UNCITRAL 중재규칙을 적용하여 2000년 11월 S.D. Myers Co.의

10) 서철원, 한·미 자유무역협정과 NAFTA와 투자보호조항 비교분석, 국제법학회논총 제53권 제1호(2008), 113면 참조.

일부승소 판정을 하였다. 패널은 S.D. Myers Co.의 간접수용과 이행조건에 관한 주장은 기각하였지만 그 외 NAFTA 기타 규정의 위반 사실은 인용하였다. 캐나다 정부가 자국 내 PCBs처리산업을 발전시키고자 하는 캐나다의 합법적 목표(legitimate goal)를 고려하더라도, 캐나다의 잠정명령 및 평가조치는 NAFTA 투자 규정에 합치하는 것은 아니라고 판정하였다. 패널은 캐나다는 바젤 협약상 의무 및 정책목표를 달성하기 위해서 수출금지와 같은 방법이 아닌 국내 PCBs처리산업을 장려하기 위한 보조금 지급 또는 정부계약의 체결 등 다른 방법을 모색할 필요가 있음을 언급하였다. 최종적으로 패널은 캐나다 정부에 대하여 잠정적 수출제한 조치기간이었던 16개월간의 손해배상금으로 S.D. Myers Co.에 약 480만 달러를 지급할 것을 명령하였다. 이 사건에서 중재 패널은 미국기업인 S.D. Myers Co.이 주장하였던 간접수용 주장을 기각하면서 정당한 정부규제조치(regulatory act)와 수용은 구별됨을 강조하면서 전자는 수용에 해당하지 않음을 지적하였다. 이러한 중재부 패널의 결정은 외국 투자기업이 투자유치국 정부의 정책에 따라 단순히 부정적 파급효과에 노출되는 경우는 간접수용에 해당하지 않고 국가의 정당한 규제정책권한은 훼손되지 않아야 한다는 원칙을 재차 천명하고 있는 것으로 볼 수 있다. 패널에서는 간접수용의 개념을 "수용에 준하는(tantamount to expropriation)", 혹은 "점진적 수용(creeping expropriation)"이라는 개념 정립을 시도하였지만 이러한 개념이 지나치게 확대되어 적용되는 것은 허용되지 않는다는 것을 명확히 하여 간접수용의 개념이 과도하게 확대되어 활용되는 것에 대한 경계심을 표시한 것으로 평가될 수 있다.[11)]

11) 김민호, FTA 및 BIT상 투자자보호규정들의 해석 및 적용에 관한 미국법제도연구(법제처 2007 세계법제 연구용역 보고서), 64면 참조.

제7장

간접수용이 우리 정부의 규제정책에 미칠 영향

한·미 자유무역협정문에 따르면 간접수용을 인정하기 위해서 고려해야 할 사항으로 "① 정부 행위의 경제적 영향, 그러나, 당사국의 행위 또는 일련의 행위가 투자의 경제적 가치에 부정적인 효과를 미친다는 사실 그 자체만으로는 간접수용이 발생하였음을 입증하는 것은 아니다. ② 정부 행위가 투자에 근거한 분명하고 합리적인 기대를 침해하는 정도, 그리고 ③ 그 목적 및 맥락을 포함한 정부행위의 성격, 관련 고려사항은 정부행위가 공익을 위하여 투자자 또는 투자가 감수해야 할 것으로 기대되는 것을 넘어선 특별한 희생을 특정 투자자 또는 투자에게 부과하는지 여부를 포함할 수 있을 것이다."라고 규정되어 있다.[1] 이는 1978년 Penn Central Transportation Co. v. New York 판결[2]에서 판시하고 있는 규제적 수용을 인정하기 위한 세 가지 고려사항들, 즉 ① 관련정부행위의 특징, ② 정부규제가 투자가 뒷받침된 기대를 규제가 미치는 영향의 정도, ③ 재산의 가치에 미치는 규제의 심각성과 재산권자의 상당한 경제적 이용가능성과 매우 유사한 구조를 취하고 있다. 따라서 간접수용을 이해하기 위해서 미국에서 논의되고 있는 규제적 수용에 관하여 논의해 보았지만 미국에서조차 규제적 수용에 관하여는 미국 연방 대법원의 모범적 판결(model case)이 없는 가운데 규제적 수용 사건들은 "혼란스러운 주장들의 무질서(a chaos of confused argument)" 상태에 놓여 있다고 평가되고 있는 난제에 해당한다.[3] 그러므로 한·미 자유무역협정이 발효되면 간접수용조항이 실제 우리 정부의 규제권 행사에 어떤

1) 부록 Ⅱ 참조.

2) 438 U.S. 104 (1978).

3) Steven G. Medema, Making Choices and Making Law : An Institutional Perspective on the Takings Issue, in Taking Property and Just Compensation : Law and Economics Perspectives of the Taking Issues 45, 74 (Nicholas Mercuro ed., 1992).

영향을 미칠 것인가는 단언할 수 없을 뿐만 아니라 시기상조라고 할 수 있을 것이다. 특히 규제적 수용은 선례구속의 원칙(doctrine of stare decisis), 상소제 등 여러 가지 통제장치를 가지고 있는 미국법원에 의해서 정부의 지나친 규제로부터 국민의 재산권을 보호하기 위해서 발전한 것이라면 간접수용은 투자(investments)를 그 보호의 대상으로 하고 중재판정부에서 중재로 인정된다는 점에서 그 차이가 상당하다 할 수 있으므로 그 예측이 더욱 어려운 측면이 있다.

단지 다음과 같은 우려는 가능하다. ① 토지에 대한 재산권을 중심으로 본다면 우리나라는 소유권을 중심으로 발달하였는데 미국은 토지권(Fee) 중심으로 발달하여 수용의 대상이 재산권이라는 측면에서 투자유치국에 따라서 수용의 대상이 되는 권리를 차이를 얼마나 인정하고 보호할 수 있는지의 문제가 있다. 한국의 토지소유권과 미국의 토지권(Fee)을 같이 볼 것인지 달리 볼 것인지가 문제가 될 수 있을 것이다. ② 우리 헌법에서 주지하는 바와 같이 수용뿐만 아니라 사용과 제한도 보상의 대상이 되지만 미국에서는 손실보상을 해 주는 수용과 그렇지 않으면 손실보상을 해 주지 않는 정부의 정당한 규제권 행사로, 즉 전부 아니면 전무의 관계(all or nothing)의 구조를 취하고 있다는 점이다. 이러한 헌법구조의 차이가 현실에서 유치국에 따라 투자자에 대한 차별적 대우로 이어질 가능성을 완전히 배제할 수 있을 것인가가 문제가 되겠다. ③ 미국에서는 규제적 수용에 대해 많은 이론이 있음에도 불구하고 정부의 규제행위가 재산권자에게 재산의 물리적 침해(physical invasion)를 감당하도록 하는 경우와 재산의 경제적으로 유익하고 생산적인 사용 가능성을 모두 부정하는 경우만을 규제적 수용(regulatory takings)으로 인정한다. 이렇게 재산권자의 재산권 이용권을 모두 규제하는 우리 정부의 규제행위는 한·미 자유무역협정 규정에 의해 미국 투자자에게 공정한 시장가격에 의한 보상을 해 주어야 할 가능성이 높다고 할 것이다. 국내법에서는 규제적 수용이 인정되고 있지 않기 때문에 우리 정부의 특정 재산에 대한 강력한 규제가 있을 경우 한·미 자유무역협정 규정에 따라 미국투자자의 투자재산에 대해서는 우리 국민의 세금으로 정당보상을 해 주지만, 우리 국민의 재산권에 대한 동일한 규제에 대해 정당보상을 해 주지 않는다면 우리 국내 투자자에 대한 역차별의 문제가 생길 수도 있다. ④ 앞으로 미국투자자의 국내 투자가 정부의 규제권의 행사로 가치의 하락을 가져오는 경우까지 간접수용에 해당하는 것으로 간접수용의 개념을 넓게 해석할 경우(물론 협정서에서는 이러한 해석을 명시적으로 부정하고 있다) 에는 정부의 규제권한에 심각한 위축을 가져올 수 있다. 한·미 자유무역협정이 발효된다면 이러한 심각한 경우는 생기지 않는다고 하더라도 앞으로 우리 정부가 규제권을 행사할 때 그러한 규제권의 행사가 재산권에 어떠한 영향을 미치는지에 대한 보다 신중한 고려를 해야 한다는 것은 당연한 결론이라 하겠다.

특히 미국 연방대법원에 발달한 규제적 수용에 대한 예외의 법리를 잘 살펴볼 필요가 있다. 정부의 정당한 규제권의 행사로서 뉴센스 예외가 일반적으로 받아들여지고 Mugler v. Kansas 판결[4]과 일련의 다른 판결들에 의하여 미국의 주정부나 기타 지방자치단체들에서는 전통적으로 그들의 규제권의 행사와 재산권을 규율함에 있어서 상당히 광범위한 재량권을 가진다는 것이 명백해지고 있다. 편익의 균등 상호성은 Plymouth Coal Co. v.

4) 123 U.S. 623 (1887).

Pennsylvania 판결[5], Penn Central Transportation Co. v. New York City 판결[6] 등에서 적용되어 온 것으로 규제로 국민의 침해와 동시에 혜택을 누리게 된다면 규제적 수용에 해당하지 않는다는 것이다. 공지의 원칙(the Notice Rule)은 해당 규제의 시행시기와 토지권보유자의 土地權 取得時期를 기준으로 하여 어느 시점의 규제가 과도한 것이 되어서 수용으로 인정될 것인가 하는 문제이다. 재산권자들이 재산을 소유할 때에 규제가 이미 널리 알려져 있으면 재산권자들은 규제의 부담을 이미 알고 재산권을 취득하였기 때문에 규제적 수용의 주장을 할 수 없다는 것으로 Keystone Bituminous Coal Ass′n v. DeBenedictis 판결[7], 1984년 Ruckelshaus v. Monsanto 판결[8], Palazzolo v. Rhode Island 판결[9] 등에서 확인되고 있다. 임시적 수용의 법리는 PruneYard Shopping Center v. Robins 판결[10], Tahoe-Sierra preservation council, Inc. v. Tahoe regional planning agency 판결[11] 등에서 확인되었다. 부차적 수용의 문제는 수용의 외부효과와 관련이 있는 문제로 1946년의 United States v. Causby 판결[12]에서 적용되었다. 묵시적 유사보상 이론이란 정부의 범죄수사나 행정조사 등으로 인해 피조사기관이 이에 협조해야 하지만 이러한 협조로 인하여 발생하는 비용이나 강제 제출된 증거물

5) 232 U.S. 531 (1914).

6) 438 U.S. 104 (1978).

7) 480 U.S. 470, 491 (1987) "[w]hile each of us is burdened somewhat by such restrictions, we, in turn, benefit greatly from the restrictions that are placed on others."

8) 467 U.S. 986, 1006 (1984).

9) 121 S. Ct. 2448 (2001).

10) 447 U.S. 74 (1980).

11) 122 S. Ct. 1465 (2002).

12) 328 U.S. 256, 260 (1946).

등은 보상을 요하는 수용에 해당하지 않는다는 것으로 미국 연방대법원은 Hurtato 판결[13)]에서 공권력에 의해서 강제제출된 증거들에 대해 보상을 하지 않았다. 이상 정부 규제권행사에 대한 규제적 수용이론의 다양한 예외에 대한 연구는 앞으로 한·미 자유무역협정의 간접수용에 해당하지 않은 규제권의 행사에 대해 많은 시사점을 주리라고 본다.

13) 410 U.S. 578 (1973).

부록

부록Ⅰ. 대한민국과 미국 간의 자유무역협정 제11장 투자

제11.6조

수용 및 보상

1. 어떠한 당사국도 다음을 제외하고 수용 또는 국유화에 동등한 조치("수용")를 통하여 적용대상투자를 직접적 또는 간접적으로 수용하거나 국유화할 수 없다.
   가. 공공 목적을 위할 것
   나. 비차별적 방식일 것
   다. 신속하고 적절하며 효과적인 보상을 지불할 것, 그리고
   라. 적법절차와 제11.5조 제1항 내지 제3항을 따를 것
2. 제1항 다호에 규정된 보상은,
   가. 지체 없이 지불되어야 한다.
   나. 수용이 발생하기("수용일") 직전의 수용된 투자의 공정한 시장가격과 동등하여야 한다.
   다. 수용 의도가 미리 알려졌기 때문에 발생하는 가치의 변동을 반영하지 아니하여야 한다. 그리고,
   라. 충분히 실현가능하고 자유롭게 송금가능하여야 한다.
3. 공정한 시장가격이 자유사용가능통화로 표시되는 경우, 제1항 다호에 규정된 보상은 수용일의 공정한 시장가격에 그 통화에 대한 상업적으로 합리적인 이자율에 따라 수용일부터 지급일까지 발생한 이자를 더한 것보다 적어서는 아니된다.
4. 공정한 시장가격이 자유롭게 사용가능하지 아니한 통화로 표시되는 경우, 제1항 다호에 규정된, 지불일에 일반적인 시장환율에 따라 지불통화로 환산된 보상은 다음을 합한 것보다 적어서는 아니 된다.
   가. 수용일의 일반적인 시장환율에 따라 자유사용가능통화로 환산된 수용일의 공정한 시장가격
   나. 그 자유사용가능통화에 대한 상업적으로 합리적인 이자율에 따라 수용일부터 지불일까지 발생한 이자
5. 이 조는 무역관련 지적 재산권에 관한 협정에 따라 지적재산권과 관련하여 부여되는

강제실시권의 발동이나 지적재산권의 취소·제한 또는 생성에 적용되지 아니한다. 이는 그러한 발동·취소·제한 또는 생성이 제18장(지적재산권)에 합치하는 것을 한도로 한다.

부록Ⅱ. 대한민국과 미국 간의 자유무역협정 제11장 투자 부속서 11-나 : 수용

양 당사국은 다음에 대한 공유된 양해를 확인한다.

1. 당사국의 행위 또는 일련의 행위는, 그것이 투자 내에서의 유형 또는 무형의 재산권을 침해하지 아니하는 한, 수용을 구성할 수 없다.
2. 제11.6조 제1항은 두 가지 상황을 다룬다. 첫 번째는 직접수용으로서, 명의의 공식적 이전 또는 명백한 몰수를 통하여 투자가 국유화되거나 달리 직접적으로 수용되는 경우이다.
3. 제11.6조 제1항에 다루어진 두 번째 상황은 간접수용으로서, 당사국의 행위 또는 일련의 행위가 명의의 공식적 이전 또는 명백한 몰수 없이 직접수용에 동등한 효과를 가지는 경우이다.

   가. 당사국의 행위 또는 일련의 행위가 특정의 사실 상황 하에서 간접수요를 구성하는지 여부의 결정은 다음을 포함하여 그 투자에 관한 모든 관련 요소를 고려하는 사안별, 사실에 기초한 조사를 필요로 한다.

      1) 정부 행위의 경제적 영향, 그러나, 당사국의 행위 또는 일련의 행위가 투자의 경제적 가치에 부정적인 효과를 미친다는 사실 그 자체만으로는 간접수용이 발생하였음을 입증하는 것은 아니다.
      2) 정부 행위가 투자에 근거한 분명하고 합리적인 기대를 침해하는 정도, 그리고
      3) 그 목적 및 맥락을 포함한 정부행위의 성격, 관련 고려사항은 정부행위가 공익을 위하여 투자자 또는 투자가 감수해야 할 것으로 기대되는 것을 넘어선 특별한 희생을 특정 투자자 또는 투자에게 부과하는지 여부를 포함할 수 있을 것이다.

   나. 예컨대, 조치 또는 일련의 조치가 그 목적 또는 효과에 비추어 극히 심하거나 불균형적인 때와 같은 드문 상황을 제외하고는, 공중보건, 안전, 환경 및 부동산 가격안정화(예컨대, 저소득층 주거여건을 개선하기 위한 조치를 통한)와 같은 정당한 공공복지 목적을 보호하기 위하여 고안되는 당사국의 비차별적인 규제 행위는 간접수용을 구성하지 아니한다.

부록Ⅲ. NAFTA Chapter Eleven : Investment

Article 1110 : Expropriation and Compensation

1. No Party may directly or indirectly nationalize or expropriate an investment of an investor of another Party in its territory or take a measure tantamount to nationalization or expropriation of such an investment ("expropriation"), except :
   (a) for a public purpose ;
   (b) on a non-discriminatory basis ;
   (c) in accordance with due process of law and Article 1105(1) ; and
   (d) on payment of compensation in accordance with paragraphs 2 through 6.
2. Compensation shall be equivalent to the fair market value of the expropriated investment immediately before the expropriation took place ("date of expropriation"), and shall not reflect any change in value occurring because the intended expropriation had become known earlier. Valuation criteria shall include going concern value, asset value including declared tax value of tangible property, and other criteria, as appropriate, to determine fair market value.
3. Compensation shall be paid without delay and be fully realizable.
4. If payment is made in a G7 currency, compensation shall include interest at a commercially reasonable rate for that currency from the date of expropriation until the date of actual payment.
5. If a Party elects to pay in a currency other than a G7 currency, the amount paid on the date of payment, if converted into a G7 currency at the market rate of exchange prevailing on that date, shall be no less than if the amount of compensation owed on the date of expropriation had been converted into that G7 currency at the market rate of exchange prevailing on that date, and interest had accrued at a commercially reasonable rate for that G7 currency from the date of expropriation until the date of payment.
6. On payment, compensation shall be freely transferable as provided in Article 1109.
7. This Article does not apply to the issuance of compulsory licenses granted in relation to intellectual property rights, or to the revocation, limitation or creation of intellectual property rights, to the extent that such issuance, revocation, limitation or creation is consistent with Chapter Seventeen (Intellectual Property).
8. For purposes of this Article and for greater certainty, a non-discriminatory measure of general application shall not be considered a measure tantamount to an expropriation of a debt security or loan covered by this Chapter solely on the ground that the measure imposes costs on the debtor that cause it to default on the debt.

부록Ⅳ. NAFTA Chapter Eleven : Investment

Article 1102: National Treatment

1. Each Party shall accord to investors of another Party treatment no less favorable than that it accords, in like circumstances, to its own investors with respect to the establishment, acquisition, expansion, management, conduct, operation, and sale or other disposition of investments.
2. Each Party shall accord to investment of investors of another Party treatment no less favorable than that it accords, in like circumstances, to investments of its own investors with respect to the establishment, acquisition, expansion, management, conduct, operation, and sale or other disposition of investments.
3. The treatment accorded by a Party under paragraphs 1 and 2 means, with respect to a state province, treatment no less favorable than the most favorable treatment accorded, in like circumstances, by that state or province to investors, and to investments of investors, of the Party of which it forms a part.
4. For greater certainty, no Party may:
   (a) impose on an investor of another Party a requirement that a minimum level of equity in an enterprise in the territory of the Party be held by its nationals, other than nominal qualifying shares for directors or incorporators of corporations; or
   (b) require an investor of another Party, by reason of its nationality, to sell or otherwise dispose of an investment in the territory of the Party.

부록Ⅴ. NAFTA Chapter Eleven : Investment

Article 1103: Most-Favored-Nation Treatment

1. Each Party shall accord to investors of another Party treatment no less favorable than that it accords, in like circumstances, to investors of any other Party or of a non-Party with respect to the establishment, acquisition, expansion, management, conduct, operation, and sale or other disposition of investments.
2. Each Party shall accord to investments of investors of another Party treatment no less favorable than that it accords, in like circumstances, to the establishment, acquisition, expansion, management, conduct, operation, and sale or other disposition of investments.

부록Ⅵ. NAFTA Chapter Eleven : Investment

Article 1106: Performance Requirements

1. No Party may impose or enforce any of the following requirements, or enforces any commitment or undertaking, in connection with the establishment, acquisition, expansion, management, conduct or operation of an investment of an investor of a Party or of a non-Party in its territory:
   (a) to export a given level or percentage of goods or services;
   (b) to achieve a given level or percentage of domestic content;
   (c) to purchase, use or accord a preference to goods produced or services provided in its territory, or purchase goods or services from persons in its territory;
   (d) to relate in any way the volume or value of exports or to the amount of foreign exchange inflows associated with such investment;
   (e) restrict sales of goods or services in its territory that such investment produces or provides by relating such sales in any way to the volume or value of its exports or foreign exchange earnings;
   (f) to transfer technology, a production process or other proprietary knowledge to a person in its territory, except when the requirement is imposed or the commitment or undertaking is enforced by a court, administrative tribunal or competition laws or to act in a manner not inconsistent with other provisions of this Agreement; or
   (g) to act as the exclusive supplier of the goods it produces or services it provides to a specific region or world market.
2. A measure that requires as investment to use a technology to meet generally applicable health, safety or environmental requirements shall not be construed to be inconsistent with paragraph 1(f). For greater certainty, Article 1102 and 1103 apply to the measure.
3. No party may condition the receipt or continued receipt of an advantage, in connection with an investment in its territory of an investor of a Party or of a non-Party, on compliance with any of the following requirements:
   (a) to achieve a given level or percentage of domestic content;
   (b) to purchase, use or accord a preference to goods produced in its territory, or to purchase goods from producers in its territory;
   (c) to relate in any way the volume or value of imports to the volume or value of exports or to the amount of foreign exchange inflows associated with such

investment; or

(d) to restrict sales of goods or services in its territory that such investment produces or provides by relating such sales in any way to the volume or value of its exports or foreign exchange earnings.

4. Nothing in paragraph 3 shall be construed to prevent a Party from conditioning the receipt or continued receipt of advantage, in connection with an investment in its territory of an investor of a Party or of a non-Party, on compliance with a requirement to locate production, provide a service, train or employ workers, construct or expand particular facilities, or carry out research and development, in its territory.

5. Paragraphs 1 and 3 do not apply to any requirement other than the requirements set out in those paragraphs.

6. Provided that such measures are not applied in an arbitrary or unjustisfiable manner, or do not constitute a disguised restriction on international trade or investment, nothing in paragraph 1(b) or (c) or 3(a) or (b) shall be construed to prevent any Party from adopting or maintaining measures, including environmental measures;

(a) necessary to secure compliance with laws and regulations that are not inconsistent with the provisions of this Agreement;

(b) necessary to protect human, animal or plant life or health; or

(c) necessary for the conservation of living or non-living exhaustible natural resources.